JN078670

わたしが「カルト」に？

ゆがんだ支配はすぐそばに

齋藤 篤・竹迫 之［著］
川島堅二［監修］

日本キリスト教団出版局

【「統一協会」「旧統一協会」という表記について】

一般的には「統一教会」「旧統一教会」と表記されることが多い団体名ですが、本書では「統一協会」「旧統一協会」と記します。正式な旧名称は「世界基督教統一神霊協会」であるため、略称は「統一協会」がふさわしいとの判断によります。

はじめに

本書は、長年にわたり反社会的犯罪集団であるカルト宗教の対策に取り組んできた2人の専門家（牧師）が、自らの体験とこれまでの相談事例をもとに、現在のカルトが具体的にどのような問題を引き起こしているのか、カルトと伝統宗教、あるいは宗教史において「異端」とされてきた団体との違いはどこにあるのかをわかりやすく解説しています。また、そうしたカルトから身を守るにはどうしたらよいのか、さらに安倍元首相銃撃殺害事件以降、注目されるようになった宗教（カルト）2世問題が示している課題についても有益な提言がなされています。

もともとは「崇拝」「儀礼」などを意味する言葉だった「カルト」という言葉が、反社会的な宗教集団について用いられるようになったのは、1970年代以降のアメリカにおいてでした。1978年11月にキリスト教系の宗教団体「人民寺院（Peoples Temple）」が南米ガイアナの教団施設で決行した集団自殺の衝撃は、当時神学生だったわたしの記憶にも鮮やかに残っています。幼い子どもを含む約900人が毒入りのジュースを飲んで自殺しました。また、終末思想を掲げる団体ブランチ・ダヴィディアンが大量の銃や弾薬を不正に入手、司法当局の強制捜査に抵抗して2カ月近く教団本部に籠城した後、指導者デイヴィッド・コレシュが施設に火を放ち、コレシュと未成年の信者を含む約80名が死亡した1993年4月の事件。さらに1997年3月には、アメリカのサンディエゴ郊外の高級住宅地でヘブンズゲートというUFO（未確認飛行物体）を信仰する集団のメンバー39人が綿密に計画された儀式的集団自殺を決行しました。このような宗教団体が引き起こした常軌を逸する事件は世界中に報道され、「カルト」という言葉が反社会的宗教団体を指す言葉として定着していきました。

日本においては、第二次世界大戦の終結と新憲法によって、それまで宗教団体法によって強く規制されていた宗教活動が自由になり、さまざまな新興宗教が登場、同時に宗教がらみの社会問題も生じてくることになります。

現在のカルト問題と関連のある事例に絞っていえば、戦時中、兵役や天皇崇拝を拒否したことから過酷な弾圧を受けたエホバの証人（当時の灯台社）の活動の再開が挙げられます。特に教育現場で信者の子による国旗掲揚や国歌斉唱の拒否、体育の授業における武道（剣道、柔道など）の拒否、そして特異な聖書解釈に基づく輸血拒否、信者の親による子どもへの鞭《むち》打ちという体罰などの形で顕在化していきます。

昨年来、さまざまな問題が再び指摘されるようになった旧統一協会が、最初に社会問題としてマスコミに取り上げられるのは1967年7月7日「親泣かせの『原理運動』学生間にひろがる学業放棄」という朝日新聞の記事が始まりです。

その後、旧統一協会とその関連団体による悪質な霊感商法の実態が明らかになり、繰り返し報道されることになります。ただ、1980年代半ばまでは、これをアメリカなどで起こっていたカルト宗教の反社会的行為と結びつけて考えるということはなされませんでした。アメリカのカルト宗教の事例は前述したように大量の武器弾薬の不正入手や数百人規模の集団自殺など大量殺人と結びついていたのに対し、日本のエホバの証人や旧統一協会の事例はそこまでの過激さが認められなかったからです。むしろ日本でこの2つの団体の問題に積極的に対応したキリスト者の間では「異端」の問題として考えられていました。本書で詳述されますが、エホバの証人も旧統一協会も伝統的なキリスト教からは異端とされる教義を信奉していたからです。少しでもキリスト教会に関わったことのある人なら「当教会は統一協会、エホバの証人、モルモン教とは一切関係ありません」というフレーズを目にしたことがあるのではないでしょうか。

しかし、1980年代半ば以降、反社会的な問題を持ちながら「異端」という言葉では包摂できない宗教団体が日本でも生まれ、アメリカや韓国からも入ってきます。教義上は「正統」でも、指導者による暴力やハラスメント、苛烈な集金システム、本書でも指摘されている強力なマインド・コントロールによる信者への教え込みなど、海外では「警戒すべきカルト」にリストアップされているような団体です。

とりわけ1995年3月20日宗教法人オウム真理教（当時）の信者が朝のラッシュ時の地下鉄車内で神経ガスであるサリンを散布、死傷者6000名以上を出した宗教団体としては未曽有のテロ事件は、70年代以降のアメリカにおいて繰り返し起こってきたカルト集団による重大な犯罪行為が、ついに日本にも起こったということで、1995年は日本における「カルト元年」であるといえます。

こうしたカルト問題を専門家（学者や弁護士、医師、聖職者、カウンセラーなど）のみならず、カルトの脱会者やその家族も含めて広い視野から考え、再発を防ぐために1995年に結成されたのが日本脱カルト協会（当時は日本脱カルト研究会）でした。その結成当初から宗教学専攻の大学教員としてわたしも参加してまいりましたが、本書の著者である齋藤篤牧師、竹迫之牧師も同様です。

日本におけるカルト対策も、「異端」問題として取り組まれた頃も含めれば約50年の歳月を重ね、取り組む人々の層も厚くなってきました。違法な霊感商法の告発をし、献金返還訴訟で勝訴の実績を重ねてきた弁護士たち、カルトのマインド・コントロール、その教義や実践の特徴を研究して広く世間に啓発する学者や教育者、学生の宗教相談に当たるスクールカウンセラー、カルトの実態を直接経験した立場から関わる脱会者とその家族の方々などさまざまです。とりわけ、労力を要するのがカルトからの脱会を支援する救出カウンセリングですが、これは主に宗教者（牧師や僧侶）が担っています。カルト組織と直接対峙する働きであり、知力体力に加え、周囲（家族や職場）の支援と理解がなければなし得ない働きです。本書の著者である齋藤牧師と竹迫牧師は、まさにこの働きを長年担ってきた方々です。

特に2人は牧師としてキリスト教の専門家であるとともに、本書（主にプロローグ）でその経緯がつまびらかに語られているように、自身がカルトからの脱会者であることが、稀有な意義を本書に与えています。それはカルト経験者のみが持ち得る視点、すなわち脱会して解決ではなく、それからもさまざまなケアをすべき課題があることを明確に認識している点です。カルトからの脱会はゴールではなく、脱会後、回復までの長い道のりがあること、入信していた時間と同じくらい回復には時間がかかること、カルトから脱会した人は、被害者としてのみならず、加害者としての自分と向き合う必要があると訴えます。そして、それは自分の弱さと向き合うことであり、そうした自分の加害者性を認めるための補助装置として再び健全な宗教の出番があること、このような認識は自らカルトの経験者としてこの回復の道のりを歩んできたからこその視点であるといえます。

　本書の題名『わたしが「カルト」に？』には、二重の意味が込められています。一つは「わたしがカルトの被害者に？」という意味で、危険なカルトであると最初からわかっていたら入信する人は誰もいない。被害と気づかないうちに被害を受けているというカルトの怖さを表しています。もう一つの意味は「わたしがカルトの加害者に？」という意味です。被害者が時を置かずして加害者になる。それも加害者意識がないままに、カルトの「ゆがんだ支配」に加担してしまう。これもカルト特有の恐ろしさです。また、カルトにおける「支配・被支配の構造」は家庭や学校や職場など日常生活のそこかしこに見られます。それがカルトの萌芽であり、自分自身もカルト化する可能性があると自覚することがカルト防止につながると本書は語ります。

　この本をお読みになる方がこうしたカルトへの正しい理解を持ち、身を守るとともに、カルト問題の渦中にある方々には本書が解決の糸口となることを願っています。

川島堅二

目次

プロローグ　この本を書くまでのわたしの半生記

牧師の仕事の原動力はカルト体験

齋藤 篤（元エホバの証人1世。宮城県・仙台宮城野教会牧師）

わたしは、1976年に福島県福島市で生まれました。幼いころは何ひとつ不自由ない生活を送っていましたが、そんな生活に陰りが見え始め、一変したのは9歳のとき、小学校3年生の秋でした。父が多額の借金を抱え、家族を捨てて蒸発してしまったのです。

父親がいなくなり生計が立ちいかなくなったわたしたち家族は、母の実家に身を寄せることになりました。しかし、その祖父母の財産も、父の借金の形《かた》としてすべて取られてしまい、何もかも失った状態で、わたしたちはその後の日々を過ごさなければなりませんでした。わたしの心の中は、父に対する許せない思いと、この世界に対する怒りのようなものでいっぱいでした。そして、子ども心ながら、この世の中がどうしたら誰もが幸せに暮らせるようになるのだろうか、そんなことを考えては本を読みあさる日々を送りました。

わたしが中学1年生のときです。当時世間をにぎわせていた『ノストラダムスの大予言』

（1999年7月に恐怖の大王が降臨し、人類が滅亡するという予言を記した書）を読み、その中に聖書の言葉が引用されていたのがきっかけで、聖書に対する関心がわいてきました。聖書を読んでみたい。しかし、どうしたら聖書を読むことができるのだろうか。そんなことを考えていたところに、自宅を訪ねてきたのがエホバの証人でした。近所の知り合いだったので、ちょっと変わった人という印象を持っていましたが警戒心はありませんでした。「聖書を学びませんか」というお誘いをわたしは二つ返事で受けることにしました。

エホバの証人が教えてくれる聖書の知識はとてもわかりやすく、わたしが抱えていた疑問を解消し、納得させるものでした。この世界は悪魔によって支配されているから、悪魔によってさまざまな悪事が引き起こされているのだと。わたしにとって、愛ある神が伝えられることよりも、父やこの世界に対する怒りに対して悪魔の存在を提示される方がより納得がいったのです。そして、悪魔の働きをすべて滅ぼす「エホバ神」の存在を知ることになります。

エホバ神を知る唯一の道は、エホバ神がただひとつの経路としたエホバの証人の組織（ものみの塔聖書冊子協会）から、聖書を学び続けることであると教えられました。わたしは、エホバの証人の誰もが親切に接してくれていたことから、この人たちと一緒に歩みたいと思うようになり、約3年間の学びの後、高校2年生の夏にバプテスマ（入信の儀式）を受けました。そして、わたしのエホバの証人としての人生が本格的にスタートしたのです。

しかし、エホバの証人としての生活は長くは続きませんでした。そのきっかけとなったのは大学進学でした。エホバの証人は原則的に大学進学を禁じています。大学教育は、悪魔の影響下にあるという彼らの教えがありました。よほどの事情がない限り、大学進学は不信仰者の行為とみなされていました。しかし、わたしはそれを承知のうえで、大学を受験しました。そして合格しました。

すると案の定、エホバの証人の長老（指導者）から、言葉による精神的な圧力を受けることになりました。神の裁きを受けて滅ぼされてもいいのかと。そんな説諭を繰り返されるうちに、わたしは自暴自棄になって、現役での大学進学を断念しました。そして、医療系の専門学校に入学しました。それでも、大学に行くことをどうしても諦めきれず、2年後再度大学を受験し、合格しました。そして、1997年の春、わたしは逃げるように上京したのです。

ところが「やっと、エホバの証人の環境から離れられた！」という解放感から、それまでエホバの証人によって抑圧されてきたものが一気にはじけてしまったのです。わたしは、満ちあふれる東京の魅力に引き寄せられてしまいます。せっかく入学した大学にも通わず、夜遊びを繰り返すようになりました。大学入学前にさまざまなアルバイトをして貯めた学費もあっという間に底を突き、多額の借金を抱えるようになりました。借金取りに追われる日々を送る中で、エホバの証人時代にしっかりと身に浸みこんでいた「滅び」を意識するようになったのです。神がわたしを裁いている。どうせ滅びることになる運命なのだ。そんな気持ちに襲われてまた自暴自棄になり、ひどく落ち込みました。結局、学費を払うこともできなくなり、大学を退学してしまったのです。

何もかも失った中で、身も心もすり減らした状態で近所を歩いていると、ある看板が目に留まりました。キリスト教の教会の看板でした。そこには「エホバの証人でお困りの方は、ご相談ください」と書いてあったのです。後になって、エホバの証人対策では大変有名な教会であることがわかりました。わたしはすぐ教会に電話をかけ、牧師と面会することができました。

こうして教会との接点ができましたが、わたしはしばらくの間、教会でおこなわれる礼拝に出席することができませんでした。エホバの証人時代に「教会とは、悪魔の巣窟のような場所である」と教えられていたからです。恐怖で礼拝に参加することができなかったのです。それでも人の温もりが欲しかったので、わたしは礼拝が終わるころに教会へ行き、昼食として出されるカレーライスを食べて、自分の話を多くの人たちに聞いてもらい、教会の部屋で昼寝をして帰るという生活を続けました。今思えば、礼拝にも出ずに教会に入り浸るわたしは、明らかに奇異な存在だったと思います。にもかかわらず、教会の人たちはわたしを見守りつつ大切にしてくれました。そうしているうちに、わたしの中に変化が生じ始めました。

教会をとおしてクリスチャンのあたたかさに触れたわたしは、絶対服従でいなければ価値を認めてもらえなかったエホバの証人時代とは、真逆の安心を手に入れることができたのです。エホバの証人は「クリスチャン愛」という言葉をよく用います。しかし、その愛はエホバの証人の組織に従順であることが求められる条件付きの愛だったのです。教会では、無条件にありのままのわたしを受け入れてもらえる体験をしました。

そんな教会の人たちとの交わりをとおして、神の愛を受け入れることができたわたしは、神に支えられ神と共に歩みたいと心の底から願うようになったのです。1999年の秋のことでした。わたしはそのときの牧師の言葉を忘れることができません。「あなたは経験したことをもって、神の愛を伝える人になってください」。そしてわたしは、神の愛に応える人生を牧師として、またカルト問題対策に携わる者として送りたいと願うようになりました。

翌年2月にわたしは教会でキリスト教の洗礼を受けました。そして債務整理とアルバイトもして借金を返済し、自分自身の生活を立て直すことができたのでした。大学でもう一度勉強したいと願うようになり、以前と同じ大学の通信教育課程に再入学しました。かつてのような全日制ではなくても「学ぶ」ということだけは取り戻せたのです。2001年春、わたしは牧師を養成する神学校に入学し、その後、大学も卒業することができました。

ところが、神学校では脱カルトゆえの葛藤や苦しみがありました。そこで学ぶ人たちには出身教会での体験がベースにあります。わたしにとって、それはエホバの証人です。そこで学んだ聖書理解が正しくないと頭ではわかっていても、長年親しんできた教えです。どこか正しいのではないかという思いをなかなか捨てきれませんでした。「そんな教えは忘れたらいい」という人もいましたが、忘れられるわけはないのです。

それでも、多くの先生や友人の支えに助けられ、5年間の学びを経て、2006年より伝道者として歩み始めました。これまで農村の教会、海外の日本語教会、都心にある教会で牧師として働き、今は宮城県仙台市にある教会で、神と人、そして地域に仕えています。

どの任地でも、カルト問題に関わる機会が与えられました。どこにいても、人と人との関わりのあるところには必ず、カルト問題が存在していることを実感させられます。いわゆるカルト宗教と呼ばれる団体のみならず、カルト化してしまった既存の教会への対策にも取り組んでいます。カルト対策に携わる中で、問題が解決されて生きる喜びを取り戻した人の姿に多く接してきたことが、わたし自身がカルトと共に生きる原動力になっているような気がしてなりません。そして、エホバの証人の2世として幼少期を過ごし、今は牧師として共に働き、共に暮らす妻[*]の存在と理解も、この活動を続ける大きな力となっています。

＊齋藤朗子さんのコラム（体験記）は本書126〜129ページに掲載されています。

カルト脱会者のわたしがカルト被害者支援をするワケ

竹迫 之（元旧統一協会1世。福島県・白河教会牧師）

１９８５年の2月、わたしは映画監督になることを夢見る高校生でした。自宅から通える範囲に日本大学芸術学部の映画学科があり、その入学試験が終わった日に、街中で突然ひとりの男性から「こんにちはー」と声をかけられました。あまりにさりげない口調だったので「知り合いかな？」と立ち止まってしまったのがすべての始まりです。その人はもちろん初対面で、地元S大学の3年生だと言いました。

最初は警戒していたのですが、聞かれるままに「今は受験の帰りで、映画が大好きだ」という話をしてしまいました。するとその人は「自分は『映画を見て人生の勉強をする社会人サークル』のメンバーだ」と自己紹介し、月額２５００円の会費を払えば３００本以上のビデオが見放題になるという話を持ちかけてきたのです。レンタルビデオが始まったばかりの当時は、１本のビデオを1泊借りるだけで５００円した時代です。とっさに計算して「そのサークルに入った方が得じゃないか」と思ってしまいました。数日後の合格発表で不合格を知り、ぼんやりと街をうろついていたところで「そういえば月額2500円で映画見放題のサークルがあったな」と思い出し、自分からそこへ行ってしまったのです。これが統一協会に関わることになったきっかけです。しかし、当時のわたしは「統一協会」という名前さえ知りませんでしたし、そもそもそれが宗教団体であることすら気づかないままでした。

そのサークルの会場である「ビデオセンター」では、確かに映画は見放題なのですが、見せられるのは『天地創造』とか『十戒』とかのキリスト教の映画ばかりです。その合間に「聖書を知らないと映画もよくわからないよ」と説得され、聖書に関する解説のビデオも見せられました。それは一般的な聖書の読み方ではなく、統一協会の「教義」を解説するものでした。わたしは聖書に触れたことすらなかったので、「そういうものか」と思って素直にビデオを見ていました。3カ月もすると「教義」でアタマが完璧に仕上がっている状態になりました。そして誘われるままに「合宿」に参加しました。

それはマインド・コントロールを一層強固にする仕掛けに満ちたイベントでしたが、わたしにはこの「合宿」が実に楽しかったのです。今の時代を生きているということは、歴史に選ばれた証拠なのだ！　ということをいろいろな方法で説明されました。高揚感でいっぱいになったわたしは、高校時代の友達を7〜8名誘ってビデオセンターに引き込みました。

そのころには、わたしはもう統一協会のいうメシアの存在を頭から信じるようになっていました。振り返れば、宗教に触れた経験が全くなかったため「免疫」もなかったのだと思います。「神の存在を信じるようになった」というより、「歴史がきちんと自分にも連続している」という感覚に夢中になっていたのでした。

一方で、予備校にも通って不十分ながら受験勉強もしていたおかげで、次の年には大学に合格しました。しかしそのころには「もうじき第3次世界大戦が始まる。その日に備えて生きなければならない」という統一協会の言い分をそのまま信じ込んでもいました。だから、入学と同時にほとんど家出をするようにして集団生活に飛び込み、勧誘活動に奔走していました。来たる映画監督になりたいという夢も捨てていたので、大学にもほとんど通いませんでした。来たるべき「戦争」に備えるという名目で、テロの訓練まで受けていたのです。

その後わたしは、ワンボックスカーの後部に車中泊しながらハンカチを売り歩くという部隊に配属されました。この活動については後述しますが、「恵まれない子どもたちのためにお金を集めるボランティア団体です」などと言って戸別訪問するものでした。この活動の最中に転倒して左足首を骨折したことがきっかけで、わたしは実家に帰されることになりました。歩けなくては使い物にならないと思われたのでしょう。

帰宅したその日から両親やその友人たち、カルト被害の救援に携わる牧師たちから、何日間もかけてものすごい勢いで説得を受けることになりました。何しろ足をケガしているので、逃げることができません。あまりにも長く続く説得に耐えかねて「統一協会をやめる」とウソをつく偽装脱会を試みました。これは、「反対がキツかったら『やめる』とウソをついて逃げてこい」と統一協会から指導されていた方法でもありました。

両親は、それまでもウソをつきまくっていたわたしの言葉にだまされませんでした。「ビデオセンターに連れ込んだお前の友達を放っておいてひとりでやめるつもりか」と突っ込まれました。その場を取り繕うためだけに「友達にも脱会を勧める」と約束しました。早速友人たちの家を回ることになりましたが、統一協会のスキャンダルに関する膨大な資料を持った牧師が監視役としてついてきました。わたしが誘った友人たちは、まだビデオセンターに通うようになってから日が浅かったので、わたしが十分に話す前に牧師が持ってきた資料を見て「そんなにヤバい団体だったのか！」と驚いて全員が脱会してしまいました。

そして、その友人のひとりが「竹迫が連れてきた牧師の話を聞いたので、統一協会をやめる」とビデオセンターに電話したことで事態が急変します。その日の夜から無言電話や脅迫電話がかかってくるようになったのです。わたしの行動は「裏切り」に思われたのだと察しました。そこで釈明しようと親の目を盗んでビデオセンターに向かいましたが、途中で同じ合宿所にいた仲間たちに発見され、人目に付かないところに連れ込まれて「サタンは来るな」と言われ、腹部を3発蹴られました。

この体験から、親や牧師たちが何を問題にしていたのかをはっきり理解することになりました。それまでのわたしは「きれいごとでは世界平和など実現できない。多少の違法行為や暴力はやむを得ない」と考えていましたが、まさか自分がその標的にされるとは思っていませんでした。大きなショックを受けましたが、表向きは「脱会した」とウソをついていたため、わたしは長い間誰にもこの経験を告白することができませんでした。悶々と眠れない夜が続きました。「もし統一協会が真実を言っていたらどうしよう」という恐怖と、「また統一協会員に襲われるかもしれない」という不安が押し寄せてきたからです。最初に声をかけられてから、まだ1年8カ月しかたっていないころの経験でした。

足のケガが回復して大学に戻りましたが、何カ月も欠席していたので何を学んでいるのか全く理解できませんでした。「映画監督になる」という夢も捨ててしまっていたので、全く大学生活に身が入らず、とうとう2年生が終わったところで退学してしまいました。夜になると不安で眠れず、昼間はボーッとした状態でアルバイトをしていたので失敗ばかりしました。

一方で、統一協会問題の相談が殺到していた牧師のところで「脱会者として自分の経験を話す」という手伝いをしていました。しかし、まだ統一協会が間違った団体だという確信は持っていなかったので、「はっきりした証拠が欲しい」と思うようになりました。そこでキリスト教の教会に通って聖書の読み方を教わりましたが、統一協会の考え方が染みついていたわたしにはさっぱり理解できません。牧師から「聖書について勉強させてくれる大学がある」と言われて飛びつきました。これがキリスト教の牧師を養成する「神学校」（東北学院大学文学部キリスト教学科）だったので、要するに卒業したら牧師になるしかなかったのです。

牧師になった1992年に芸能人らが参加して話題になった統一協会の合同結婚式があり、その3年後にはオウム真理教事件が発生しました。「カルト」とか「マインド・コントロール」という言葉が一般に広まった時期です。わたしのところにも被害者からの相談が続々と持ち込まれるようになりました。統一協会で教えられた聖書の読み方が間違っていたことは理解していましたが、毎晩眠れないほどの不安は続いていました。「統一協会は間違っている」と断言できないからなのかもしれないと迷った時期もあり、どうもこれがマインド・コントロールの後遺症ということらしいとわかってきました。

最初に赴任した教会で10年、キリスト教主義高校で「聖書」の授業を担当する教員を務めながら過ごし、2002年に日本基督教団の白河教会に転任しました。以来、現在に至るまでそこにいます。その間、ずっと旧統一協会をはじめとするカルトの問題に取り組んできました。依然として思ったとおりの結果にならないことが多くあります。しかしいくら失敗を重ねたとしても、わたしはこの問題から離れて牧師をすることなどできないままでいるのです。

Ⅰ部　カルト問題の「今」

竹迫之（元旧統一協会１世）

第1章　まだ終わっていなかった「旧統一協会問題」

安倍晋三元首相銃撃事件

2022年7月8日、奈良市内において演説中だった安倍晋三元首相が銃撃され、同日夕刻にその死亡が確認されました。逮捕された被疑者が「旧統一協会（現「世界平和統一家庭連合」）によって家庭崩壊に追い込まれた経験から同協会に対して深い恨みを抱いており、同協会と関わりの深い安倍元首相を狙った」と供述していることが報じられました。これを機に、オウム真理教事件（1989年の坂本弁護士一家殺害事件や1994年の松本サリン事件、1995年の地下鉄サリン事件など、新宗教団体とされるテロ組織、オウム真理教によって引き起こされた一連の事件の総称）の陰に隠れるかたちで30年にわたり動静が知られてこなかった旧統一協会について、再び注目が集まることになりました。

特に取りざたされることが多くなったのは、旧統一協会が選挙協力などを軸に、政権与党に対して影響力を行使し続けてきた実態です。自民党を中心に、旧統一協会による選挙協力を受けて議員職に就いた政治家が多数存在していることが大々的に報じられ、これまでの政策にも旧統一協会の働きかけによる影響力があったのではないかと多々疑われています。しかし、この点について自民党が明確な処分をおこなったり、再発防止策をとったりしたとは言い難く、いつ再燃するかわからない火種としてくすぶり続けているというべきでしょう。

旧統一協会がもたらした多大な害

事件から日がたつにつれて明らかになってきたのは、旧統一協会の活動資金源となってきた、いわゆる「霊感商法」の実態についてです。「先祖の因縁」「祟《たた》り」などの宗教的脅迫によって不安をあおりたて、印鑑・念珠・壺・多宝塔の模型のみならず、絵画・化粧品・アクセサリー・和服などの物品購入を迫るばかりか、近頃では物品を介さない「献金のみ」の被害についても広く報じられています。時には億単位で旧統一協会による霊感商法被害が広まっていることが知られるようになりました。

2022年12月の臨時国会においては、その被害者の救済をうたった「法人等による寄附の不当な勧誘の防止等に関する法律」(以下、「救済新法」)が可決され、翌月2023年1月に施行されました。低迷を続ける岸田政権の支持率回復を狙ってのことか、旧統一協会による被害対策を訴える世論を反映した恰好です。内閣が「さらに議論を深め、実効性を担保する努力を重ねる」としている点は評価に値するものの、その実効性を疑問視する批判は絶えません。

この救済新法は「消費者被害の救済」を眼目とするものであって、正体を隠して信者獲得を図る「偽装勧誘」の問題などが置き去りにされています。わたし自身もそうですが、「統一協会に入ろう」と自分で決めて入った人など、ほとんどいないのです。被害者の誰もが、憲法に明記されている信教の自由の「信じない自由」という大切な側面を剝奪された状態のまま信じさせられた被害者ばかりなのです。

ここまで、ややしつこいくらいに「旧統一協会」（旧称「世界基督教統一神霊協会」）という名称を繰り返してきたのは、現在ではこの団体が宗教であることすら不明確な「世界平和統一家庭連合」という名称を名乗っているからです。加えて、救済新法では旧統一協会問題の肝ともいえる「マインド・コントロール」についての言及も見送られました。マインド・コントロールについては本書のⅡ部第3章で詳しく述べますが、人間が誰でも持っている心理的な弱点を巧みに攻撃して、次第にその人の判断能力を狂わせていくことを狙った誘導方法です。先方がタイミングとポイントさえ外さなければ、誰でもその被害に遭う可能性があるのです。

実は高額献金問題は、韓国の旧統一協会本体からの「献金ノルマ」に日本の旧統一協会が過剰に応えようとしているところから引き起こされている被害というべきです。わたしが旧統一協会の現役メンバーとして活動していた1980年代中期には、盛んに「TV100の勝利」という掛け声が発せられていました。「TV100」とは「100億円の献金目標」という意味です。わたしが脱会した後には、その目標が「オレンジ300」に変更されたと聞きます。「TV」とか「オレンジ」などの言葉は、実態が表ざたにならないようにするための隠語ですが、現在ではどういう目標が設定されているのかも不明です。

こうした実態に着眼しない限り、被害者に対する実効性のある救済は成し遂げられないことは明白です。「日本と韓国の二国間にまたがる国際問題である」という認識を欠いたままでは、高額献金問題は根本的には解決できません。とりわけ過去の献金被害に関しては、教祖一族によるカジノでの遊興や、まるでアメリカのホワイトハウスを模したかのような韓国内外にある豪華な建造物、赤字続きの関連企業への補塡など、数々の放縦な散財が指摘されています。また、反共産主義を掲げる旧統一協会の「理想世界」実現に賛同しているとされる海外の政治家たちへも巨額の支援をしているといわれています。

そのような中で注目すべきは、日韓の旧統一協会幹部による内部告発が出始めていることでしょう。「信者の血と汗の結晶である献金がカジノで浪費されたというのはショックだ」という韓国人幹部の発言をわたしも報道で知りました。しかしこうした実態は、既に教祖一族から離脱したメンバーによって90年代から指摘されてきたことでもあったのです。つまり旧統一協会を巡る問題は、単に個人の経済的被害だけでなく、日本の政治姿勢にも甚大な被害をもたらしているのです。

「合同結婚式」騒動から今日までの「カルト30年」

オウム真理教事件の前から旧統一協会の被害者家族らから相談を受けてきたわたしたち支援者たちにとって、高額献金被害や偽装勧誘、また政治への関与についての疑惑などの問題はかねてから周知されてきた事実です。ですから、「何を今さら」という印象が拭えません。それでも憲政史上初となる宗教法人法に基づく質問権の行使に踏み切ったこと、それも宗教法人法上の「解散命令」の請求を視野に入れた動きであることは、特筆すべき事実といえます。

少なくとも日本のカルト問題においては、「オウム真理教事件」以前から話題となってきた旧統一協会が引き起こしてきた数々の被害が、国会の主要課題として審議されるようになったのです。また連日複数のメディアがこの問題を報じることになったことなどは、まさかわたしが生きている間に目撃することになるとは想定していなかった事態です。その意味では、日本のカルト対策が大躍進した年として、安倍元首相銃撃事件のあった2022年は記憶されるべきなのかもしれません。

しかしオウム真理教事件の終焉《しゅうえん》から2022年までの「空白の30年」の間に、多くの人々が見逃してきたあらたな問題が顕在化してきました。それが、後に詳しく述べる「2世問題」です。

1992年に挙行された旧統一協会による合同結婚式は、公式発表で3万カップルの参加があったとされています。有名芸能人らが参列したことで騒ぎとなったこの合同結婚式は、翌年記者会見した脱会者が「わたしはマインド・コントロールされていた」と発言したことで、大きな波紋を呼びました（ここから「マインド・コントロール」という言葉が日本中に広まり、今日に至ります）。残念ながら、当時はこれら一連の動きの大半が「芸能ニュース」として消費されただけでした。さらに、続けて起こったオウム真理教事件に世論の注目が集まったことで、旧統一協会に関しては一気に世間の関心が薄れてしまう結果となりました。しかしこの後も、合同結婚式は手軽な集金手段として何度も乱発されることになったのです。

どういうことかというと、この合同結婚式に参加するためには日本人信徒の場合、ひとりあたり140万円の献金が必要とされていたのです。つまり日本人同士1カップルの結婚で280万円の収入が旧統一協会にもたらされることになります。大規模な合同結婚式が何度も行われ、その都度多額の献金が集められました。中には、諸事情により複数回の参加を強いられたメンバーも多くあり、配偶者と死別した人まで「霊界の配偶者と結婚する」という名目で献金させられていたという実態がありました。そのうえ、生まれてくる子どもの数は多ければ多いほどよいとされ、避妊は事実上禁じられていました。何らかの事情により子どもを授からなかったカップルに対しては、他のカップルからの養子縁組が推奨されたという実態も明らかになりつつあります。特にこの養子縁組の問題には、「旧統一協会による斡旋ではないか」という疑惑が持たれており、2022年12月に文部科学省による2回目の質問権行使にはこの問題が多数含まれていたと推測されています。

多くのカルト的宗教集団において、組織の構成員同士の結婚が推奨される傾向が広く見られますが、旧統一協会の合同結婚式には次章で詳しく述べるとおり「教義に組み込まれた結婚」という特質があるのです。

第2章　あらたに浮上したカルト問題

カルト宗教2世問題

旧統一協会が教義としている「統一原理」においては、いわゆる合同結婚によって、人類の「原罪」から生まれながらに脱却した「子女」たちが繁殖して世界平和が実現する、とされています。第1世代のメンバーらにとっては、この合同結婚式に参加することが悲願です。つまり旧統一協会の2世たちが多数出現することは、かれらの信奉する教義上、論理的な必然なのです。宗教2世の問題は他のカルト集団においてもたくさん発生していますが、それが「教義にしっかりと組み込まれている」という点に旧統一協会の2世問題の特殊性があるといえるでしょう。

「2世問題」とは、カルト的宗教集団における次世代信徒とされる人々への信仰継承の過程において引き起こされる人権侵害です。当然のことながら当事者として多数の未成年者が含まれ、とりわけ人権侵害の度合いが高い集団に広く見られます。高額献金被害によって極端な貧困状態に置かれたり、不健全な養育がなされたりする中で、教義に基づいた多岐にわたる禁止事項によって健全な発達を阻害されてしまいます。親の自己実現のために子どもの人権を侵害し、子どもを道具化している、ともいうべき事態です。

わたしが見てきた事例では、愛情もなく教義のみによって結びついた両親のもとに生まれるなどして、夫婦げんかが絶えない機能不全の家庭環境で養育されてきた人が多くいます。そうした2世たちが自らの置かれてきた環境を人権侵害であると認識し、その被害を続々と訴え始めています。2022年末には、当事者らによる自助グループともいうべき「宗教2世問題ネットワーク」も発足し、その後同様のグループがいくつかできました。

安倍元首相を銃撃した被告人も、広義の「2世」に相当する人物であることが伝えられています。旧統一協会内部では、親が入信する以前に生まれた子どもたちを「信仰2世」、合同結婚式に参加した親から生まれた子どもたちを「祝福2世」と呼んで区別しています。銃撃事件の被告人は信仰2世にあたります（教義を信じているかどうかはともかくとして）。

母親が高額な献金を繰り返した結果、家庭崩壊に陥り、被告人は旧統一協会に対し強い恨みを持っていた、と報道では伝えられています。しかも、いまだ旧統一協会のメンバーであり続けている母親の事件に対する第一声は「教団に迷惑をかけて申し訳ない」だったことが、驚きをもって報じられました。もともとは被害者であったともいえる被告人に対し、「減刑嘆願」の署名運動も始まっています。この銃撃事件に材をとって制作された映画『REVOLUTION＋1』（足立正生監督、太秦配給）が「被疑者（当時）を英雄視している」と批判されるなど、大きな話題も集めました。

わたしのもとには、２００２年ごろから旧統一協会の2世たちからの訴えが複数寄せられてきました。90年代後半ごろから、わたしは自分のホームページ上に自らの統一協会脱会体験記を掲載していましたが、それを読んだ2世たちから、インターネット越しに相談が寄せられるようになったのです。最初は信仰2世からの相談が多かったのですが、次第に祝福2世からの相談も増えてきました。つまり「空白の30年」の間にも、2世が続々と生まれ成長していたということです。わたしはそれらの訴えに、時には電話で、時にはメールで、場合によっては直接の面談で応じてきました。もしわたしが今でも統一協会員のままだったとしたら、わたしの子どもであったかもしれない人たちです。

旧統一協会の教義によれば、2世は同じ2世との合同結婚式を経て3世以降の新たな世代を生むことが宿命とされています（実際には、「1世」と「2世」が結婚するなどの例外はあります）。そして祝福2世はその準備として、幼いころから自由恋愛を禁じられるのが当然とされてきました。性的な接触はもちろんのこと、恋愛を取り扱った小説・マンガを読んだり、ドラマを観たりすることも禁じられます。特に女性に対しては「男性の気を惹かないように」と、服装やアクセサリー・メイクなどに関する多数の禁忌事項が強制されている実態があります。

そうした環境に適応して、それなりの充足感を得ている2世は、信教の自由の観点からもそのままでもよいのではないかとわたしは考えています。もちろんわたしのもとに寄せられる声は、こうした養育を「被害」と感じている当事者たちからのものです。被害相談の中で突出して多かったのは「合同結婚式への参加を強制される」「自由恋愛を禁じられている」というものでした。未成年者が大多数でしたから飲酒や喫煙が禁じられるのは当然としても、恋愛というものはそもそも止められないことであり、未成年者が自己決定ということを学んでいく大切な機会ともいえます。ところが現実には、具体的な恋愛関係に発展することを阻止するために異性との交遊すら厳禁される2世たちがたくさんいるのです。

そんな家庭から抜け出すために経済的自立をしようと就職活動をしているところを親に妨害された人、恋人と別れさせられた挙句に「お前は外国人と結婚させる」と宣言された人、恋愛経験が乏しいために結婚適齢期を迎えてもどうやって異性と向き合っていいかわからない人、性的少数者であることを言えずに苦しんでいたり否定されたりした人など、その被害状況は多様です。被害を訴える当事者の中には精神的疾患を発症してしまった人も多数います。いわば、自立を阻害される状況に置かれてきたのが2世たちなのです。

自分の親が入っている集団を「間違った宗教団体」と捉えている2世たちも多くいますが、

そこには自分自身の出生を「間違ったこと」と否定してしまう危険性があります。「自分は生まれて来るべきではなかった」と思ってしまうことが、どれだけ人間の尊厳を傷つけるものであるか、想像力を働かせることが大切です。

また、経済的貧困とは無縁であったり、愛情ある両親のもとに育ったりしたとしても、教義によって自然な発達が阻まれ、アイデンティティーの不安を根深く抱えている2世たちが大勢います。かれらは何より「自己決定権」を剝奪されて育ってきたのであり、その背負ってきた苦難には想像を絶するものがあります。カルトと呼ばれる宗教集団ではなく、既存の「まともな宗教団体」においても信仰の継承を強制されて育つ宗教2世が数多く見られるものですが、それらとは量的にも質的にもけた違いの重荷を負わされてきたのが「カルト2世」です。

わたしは、2世たちから寄せられる相談をとおして知らされた実態に触れる中で、これはもはや「信仰による虐待」と呼ぶべき事態ではないのか、との思いを深めてきました。宗教的信念に基づく虐待行為には、親の内面によるものからではなく、所属する宗教団体の教義によって引き起こされるという特徴があります。

現行の児童虐待防止法では、虐待には「ネグレクト（育児放棄）・精神的虐待・身体的虐待・性的虐待」の4種が規定されていますが、わたしは「宗教的虐待」をあらたな類型として付け加えるべきではないかと訴えてきました。厚生労働省は、宗教教義に基づく子どもへの人権侵害行為を虐待の類型と認め、こうした事例に対しては速やかに家庭からの離脱を促すという指針（「宗教の信仰等に関係する児童虐待等への対応に関するQ＆A」）を２０２２年末に発表しました。これもまた大きな前進というべき事態です。しかし、当事者の中には既に成人に達している人たちが大勢いるため、扶養される立場の当事者のみに対象を限定してしまうと救われない人たちが多数にのぼります。そればかりか、長年にわたって限度を超える献金を強いられてきた1世たちの老後の世話までが2世にのしかかってくるという現実があります。

現在「カルト的」と目される宗教集団は旧統一協会の他にも多数ありますが、そうした家族のもとにどれだけ多くの2世たちが生まれ育っているのか、その実態把握すらまるで手付かずなのが現実です。わたしが虐待類型に「宗教的虐待」を加えることを訴え、また厚生労働省の「宗教の信仰等に関係する児童虐待等への対応に関するQ＆A」を高く評価するのは、このような理由からなのです。

2世たちの中には、自分の生まれ育った教団を「カルト」と呼ぶことに抵抗を感じる人が多くいます。かれらにとっては、そこがたとえ客観的にはカルト的な世界であったとしても、幼少期の大切な思い出がたくさんつまった故郷のようなものだからです。そこでかれらは自分たちを「宗教2世」と呼ぶ場合が多いのですが、「カルト」のすべてが宗教であるとは限らないことや、人権侵害が明らかな宗教的集団を「健全な宗教」から区別するためにも、わたしはあえて「カルト2世」という呼称を使うことがあります。

こうした2世を巡る問題や、その他のカルト問題の実態について言及すると、「カルト」と「宗教」の区別が曖昧な人々には、宗教に対する嫌悪感や不安感を掻き立てることが多々あります。脅迫を下地に、いわば呪いをかけることで人々を支配しようとする「カルト」と、今を生きている人たちに対してその存在を祝福する「健全な宗教」との違いは、既存の宗教団体においてもいまだに明示されていないといわざるを得ない現実があります。「ひょっとすると、自己実現のために、あるいは自分たちの欲求を満たすために信徒たちを支配している宗教団体という自覚があるからではないか」と邪推してしまうほど、「健全な宗教」側の対応は遅すぎると言わなければなりません。

報道の中にも、「カルト」と「宗教」を混同しているゆえの言葉が散見されます。カルトの中に宗教的な集団が含まれているのは事実ですが、もちろん宗教のすべてがカルトであるわけではありません。しかし「ならば、何が違うのか?」という問いに対する答えを、宗教の側が明確に示せているわけではないのも現実です。「宗教」と「カルト」を混同してしまうのは、その人の無理解や偏見だけが原因なのではなく、その違いを明確に打ち出せない宗教の側の責任でもあります。そのことを、わたし自身も宗教者のひとりとして、特に2世の問題が明確になってきている現在だからこそ、はっきりと認識したいと思っています。

インターネットとカルト

２０００年代に入って、急速にインターネットが普及しました。初期こそパソコンなしにはアクセスできなかったインターネットですが、スマートフォンの普及に伴って、今は誰にとってもインターネットなしの生活が考えられないような時代になりました。わずか20年余りで起こった劇的な変化です。

数々のカルト集団も、この変化に対応してインターネットの活用をさまざまに試みていて、正体を隠した偽装勧誘は旧統一協会に限らず盛んです。明らかに怪しさの漂うスピリチュアル系や代替医療、お手軽な現世利益をうたうものから、ちょっと調べただけではその危険度がよくわからない巧妙なものまであふれかえっています。

とりわけ警戒されているのは、ＳＮＳを使って大々的な偽装勧誘を公然とおこなっている集団です。その手口は、たとえばツイッターなどで「〇〇学園　２０２２」などと検索することでヒットする既存のサークルに着目し、そこで発言している新入生をひとりひとりチェックするというものです。偶然を装ってリプライ（返事）を送り、その人から広がっている人的ネットワークも検索します。そうやって浮かび上がってきた新入生たちに対し、無作為にさりげない個人的なリプライを送り、しかも「コロナ騒動」でなかなか新しい友達が作れないでいる人たちを狙ってアプローチするのです。そこからやがてＤＭ（相手への直接メール）を送り合う「友人」になり、イベントに誘っていくという手口が典型的です。

たったひとりの人がそういうことをするだけなら効果は薄いかもしれませんが、特定のターゲットに十数名が示し合わせて集団で同様のアプローチをかけることにより、実際は「仕組まれた出会い」なのに、ターゲットにされた人は「自分の好みに合った人を自由に選択している」という錯覚に陥ってしまうのです。こうした集団は、大学の新入生だけでなく、時には進学を控えた高校生を勧誘することにも力を入れているところが脅威です。それも、最初は全く宗教とは関係ないそぶりで勧誘し、時間をかけて徐々に深みに引きずり込んでいくという点で共通しています。事前に知識がなければ、まず大抵の人はだまされるでしょう。

そこまで危険度の高い団体は、さまざまな偽装サークルをつくって本体の名前を明かさずに勧誘をしています。インターネット検索で特定されないように、正式名称を全く使わない集団も珍しくありません。仮に正式名称が明らかになっても、こうした団体はすぐに名称を変えてしまったりします。多くの集団は、状況次第でこのようにコロコロと戦略を変えてくるので厄介です。自分たちの手口が公開されていることが察知されたら、その団体はまた新しい手口を開発してアプローチする戦略に切り替えるでしょう。ですから、決定的な対策を講じにくい状況が続いているのです。

こうした危機的な状況と表裏一体の現象ですが、2世たちにカルトから脱出するチャンスをもたらしている側面も無視できないのがインターネットです。インターネットの利用は、「自分たちの集団が世間からどう見られているか」を客観視できるのと同時に、同じ苦しみを抱えている仲間たちとの連帯の機会を提供するものともなっているからです。

ある2世の男子メンバーは、11歳のときにスマホを与えられて、自分の属する団体がどんなに良いところなのかを知ろうと思いつきました。親からは「インターネットにはサタン（悪魔）の情報がたくさんあふれているから、あまり見ないように」と言われていたのですが、今や学校の授業でも必須科目としてインターネットが扱われています。親から禁じられようとも、インターネットの情報を遮断することは不可能な時代になっているのです。

彼が親の命令に従わず、恐る恐るネットの世界をのぞいてみると、確かに教えどおりの「いいこと」が書いてあるページもあります。でも、それはその団体や関係者らがつくったもので、むしろ世の中の評価は「根も葉もない」としか思えないような罵詈雑言ばかりが並んでいるのを知ることになりました。そして、思いもよらなかった被害の訴えや、その団体の教義に対する筋の通った批判などの方が多くあるという現実に直面することになったのです。

多くの2世たちがおおむね10代後半ぐらいまでにこういう経験をしていて、みな最初は大変なショックを受けることになります。彼も、今まで教えられていたことや信じてきたことと真逆の現実を突きつけられることになったのです。

最初のころは「これがサタンの声だ」「心を奪われちゃいけない」などと思って無視しようとしました。でも過去に自分自身が経験してきたことに照らすと「そういえば思い当たることがある」と気づきます。学校でも、友達はアニメやアイドルの話で盛り上がるのに、その大半が自分には禁じられていた。貧しさによってクラスの中で孤立することが多く、いじめられたこともあった。特に女の子との付き合いを制限された……。そうやって次第に彼は「どうやら世間で言われていることの方が正しいんじゃないか」と思い始めたのです。「自分が感じてきた生きづらさには、はっきりとした原因があった」という秘密を心に抱えながら、家庭の中では信者のフリをして生活し続けることになります。

そして徐々にそうした仮面生活に耐えられなくなり、より一層の真実を求めてネット世界に入り込むようになったのです。「どうして自分はつらい目にばかり遭うんだろう」と考え始めたころに、同じ悩みを持つ2世たちとSNSで出会い、疑惑が確信に変わります。

しかし、そうした気づき（覚醒）が起こっても、未成年であれば家族という基盤から離脱して生活するにはいろいろなハードルが待っています。やがて高校生になった彼は、何とか経済的に自立し家族から離れることを夢見て悶々とするあまり、うつ状態となりました。わたしが彼に出会ったのはそのころでしたが、同様の経験をする2世たちが大勢生まれてきています。

繰り返し強調しておきますが、これは決して旧統一協会に限った話ではないのです。

教会のカルト化

報道の中にもしばしば見られる誤解ですが、「カルト問題」のことを言おうとして「新興宗教の問題」と言ってしまう人がかなりいます。この2つははっきり区別する必要があります。「カルト」とは決して「新興宗教」とイコールではありません。新興宗教とは、既存の宗教に対して新しく興《おこ》った宗教で、それ自体は良いも悪いもありません。確かに新興宗教の形をとったカルトも多く見られるのですが、新興宗教のすべてがカルトではないのです。健全な新興宗教があるのと同じく、カルトになってしまう不健全な「伝統宗教」も存在します。

わたしはキリスト教の牧師なので、ここからはキリスト教に限って書きますが、同様の事態は他の宗教団体でも起こっていることをご理解いただきたいと思います。

現在の日本で見られる「キリスト教」を名乗る宗教は、日本が開国してからの明治時代以降に上陸してきたものがほとんどで、つまりその歴史は150年ほどしかありません。宗教学的には、150年と言えばまだ新興宗教と扱うべきであろうと思います。しかしキリスト教が発祥した中近東や地中海世界、またヨーロッパでは2000年近くもの長い間受け継がれてきた宗教なので、その歴史まで含めれば、キリスト教は実に長い時間をかけて継承されてきた伝統宗教だといえます。

Ⅱ部第3章で詳しく述べますが、カルトはマインド・コントロールという手法を使って、支配関係の中に人を閉じ込めてしまうものです。カルト集団はその多くが宗教団体の姿をしていることから、カルト問題に悩む家族は伝統宗教の関係者に相談することがあります。とりわけキリスト教会の一部は、同じくキリスト教を名乗っていた旧統一協会に関する相談を受けることが多かったため、キリスト教関係者は1970年代からカルト問題に取り組んできました。だから、表面上はチベット密教の一派を装っていたオウム真理教の問題にも、比較的早くから向き合うことになったのです。

しかしこうした動きは、キリスト教会の中でもごく一部の人によって担われてきたに過ぎませんでした。大半のキリスト教会は、相談が持ち込まれても「わたしたちは専門家ではありませんから、もっと詳しい人を紹介します」と、よりカルト問題に詳しいキリスト者や牧師を紹介するに留まってきました。だから、すべてのキリスト教会がカルト問題やマインド・コントロールの問題に詳しいわけではないのです（こうした動きのおかげで、もともとカルト問題に取り組んでいたキリスト者や牧師たちは、ますますカルト問題に詳しくなってしまいました。わたしたち著者もそうです）。

そのためか、安倍元首相銃撃事件が起こって以来話題が集中している旧統一協会の問題にしても、「既に統一協会は消滅している」「昔は問題になったけれど、今はそれほどでもない」などと誤解していたキリスト教会もあるのです。それどころか、無自覚なまま自分たちも似たようなマインド・コントロールの手法を使って、信者を支配関係に閉じ込めてしまうような「カルト化したキリスト教会」も出現しているのです。

もちろん「教会」といっても人間の集団なので、多少の行き違いや衝突は、ない方が不自然だというべきでしょう。どの集団にも広く見られる人間関係のトラブルは、当然、教会の中にも起こり得ることです。差別事件を引き起こすことや、犯罪に関与してしまうことだってあり得ない話ではありません。仮にそうした出来事が幾つか実際に起こったとして、そのことをもって「カルト化した教会だ」と即断するのは拙速です。

しかし異論や反論が許されない雰囲気がないか、恐怖や不安をあおって高額な献金を要求していないか、牧師や有力信徒によるパワー・ハラスメントやセクシュアル・ハラスメントが起きていないか、会計運用は透明化されているか、人権侵害が繰り返し起こされていたり、特定の人々を「罪びと」の名で仮想敵視していたりしていないか……。このように、長期的にチェックするべき項目は多岐にわたります。

キリスト教会のリーダーである牧師や司祭に過度に権力が集中していて、それを批判したために追放される信徒が続出していたり、裁判沙汰がいくつもあったりするような教会は、残念ながら「カルト化」がある程度進行していると見なすほかありません。そして実際、そういう「キリスト教会」は多数確認されているのです。もともとカルト的な体質（支配欲）を持っていたうえに、牧師自らがそうとは知らずに特定のカルト集団にのめり込んでしまったために、一気に排他的な宗教団体になってしまう例も目立ちます。

中には、ある教会をターゲットに定めて、長期間にわたって徐々に乗っ取ってしまうカルトさえもあります。メンバーの高齢化が進むキリスト教会に、ある日ひょっこりと若い人が通うようになってくれたら、それだけでもその教会にとってはうれしい出来事です。その人が熱心に通ってくるばかりか、時々複数の友達を連れてきたりすると、もう教会全体に春が来たかのような浮かれた気分が広がってしまうのは、当然といえば当然です。しかし、そこに少しずつ組織的に人を送り込んで勢力を増やし、気づいたときには代表権や法人格そのものが奪われてしまっていた、という実例まであるのです。

Ⅱ部　「カルト」とは何か？

齋藤 篤（元エホバの証人1世）

第1章　あらためて「カルト」とは何か？

カルトの定義とその見極め方

カルトとは何でしょうか。一言で表現すると「ゆがんだ支配構造によって本来人間に備わるべき人権を奪い、さまざまな弊害をもたらす状態」のことです。かいつまんでいえば、人権を奪うような行為です。

日本国憲法の三大原則のひとつ「基本的人権」がわたしたちには保障されています。この基本的人権のひとつに、第20条でうたわれている「信教の自由」があります。これによって、わたしたちは誰からも侵害されることなく、特定の宗教・信仰の自由が保障されています。しかし、この信教の自由は「信じる自由」と同時に、「信じない自由・信仰を変える自由」も保障されています。わたしたちはそのことも尊重しなければなりません。信じない自由や信仰を変える自由を、何らかの方法を用いて妨害しようとするならば、それは明らかな人権侵害であり、カルト的なものであると断言できます。

また、基本的人権を享受するためには、最低限のルールがあります。それは憲法第12条に記載されている「公共の福祉」です。憲法は国民に自由及び権利を保障しているけれど、その権利を濫用してはならない、というものです。つまり、信教の自由というものは他者の人権を侵害しないという基本線が守られてこそ、はじめて保障されることをわたしたちは忘れてはなりません。その団体や組織がカルトかどうかを見極める決め手となるのは、その組織が基本的な人権を尊重しているかどうか、そこに尽きるとわたしは思います。

さて、日本では1995年に起きた「地下鉄サリン事件」など、オウム真理教が起こした数々の凶悪事件をとおして、カルトという言葉が世間に知られるようになりました。この事件がきっかけとなり、カルトについて研究することを目的とした「日本脱カルト研究会（後の日本脱カルト協会）」が発足します。この団体が、いわゆるカルトと呼ばれる団体・組織に共通する特徴をピックアップして作成したのが「集団健康度チェック」と呼ばれる114項目にわたるチェック表です（全文は、日本脱カルト協会のウェブサイトに掲載されています）。

この目録は、その団体・組織がカルト的であるかどうかを判定するために、広く用いられています。判定結果は以下のように9分類されています。

①入脱会の自由に対する侵害　②信教・思想の自由に対する侵害

③通信・居住の自由に対する侵害　④性・子供の権利に対する侵害
⑤健康・文化的生活の権利に対する侵害　⑥民主教育に対する侵害
⑦組織の民主制に対する侵害　⑧プライバシーに対する侵害　⑨その他の人権に対する侵害

そして、この測定目録を参考にキリスト教会の実情に合わせて作成されたのが「教会健康度チェック」（日本異端・カルト対策キリスト者協議会作成。ウェブサイトを参照）です。このチェック表は94の項目によって構成されており、以下のように11分類してキリスト教会の現場で既に起きている、あるいは起こりうる具体例を挙げています。

①指導者の権威主義　②教会（関連団体・集団）の公共性　③性的被害　④信者の健康被害
⑤子ども、未成年、家族の問題　⑥信者の経済被害　⑦極端な教理
⑧自由、人権問題　⑨入信過程での問題　⑩批判や脱会に関わる問題
⑪信者がマインド・コントロールされている被害

紙幅が限られているため、目録・チェック表の全文掲載はしませんが、これらの項目を適宜取り上げながら、カルトとは何かということについて、さらに考えていきたいと思います。

カルトとはゆがんだ支配構造

カルトとは「ゆがんだ支配構造」であるということを先述しました。では、「支配」とは何でしょうか。『広辞苑（第7版）』には以下の4つの意味が記されています、①仕事を配分し、指図し、とりしまること。②物を分け与えること。分配すること。③統治すること。④ある者が自分の意思・命令で他の人の思考・行為に規定・束縛を加えること。そのものの在り方を左右するほどの、強い影響力を持つこと。

これらから、支配という言葉には良い意味と悪い意味の両方があることがわかります。たとえば、支配する者が仕事や物を過不足や不公平がないように人々に配分できたなら、それを受けた人たちは幸福感を得ることができるでしょう。しかし、支配者が強い影響力をもって人々を束縛して行動や発言を制限し、人々が本来得るべきものを得られないようにするのであれば、人々を幸福に導くどころか不幸へと陥《おとしい》れることになります。

わたしはキリスト教の牧師なので、ここで少し、聖書に出てくる「支配」の話をしたいと思います。『聖書　新共同訳』には旧約聖書、新約聖書全体で、支配という言葉が３４２回出てきます。初めに登場するのは、聖書の最初の記事、創世記の1章26節です。このように書かれています。「神は言われた。『我々にかたどり、我々に似せて、人を造ろう。そして海の魚、空の鳥、家畜、地の獣、地を這うものすべてを支配させよう。』」

神はご自分の造られたものの支配を、ご自分が創造した人間に委ねようとされたことが記されています。ここでは、人間は神が造られた世界をどのように支配するかが問われています。自然をどのように用いるべきかという課題です。わたしたちは、自然環境を破壊することもできれば、大切に管理して守ることもできるのです。

人間関係においても、わたしたちがそれをどのように構築していくかが重要です。健全な支配をもって人々の幸福に寄与することもできれば、ゆがんだ支配構造の中に人々を押し込んで搾取することも可能なのです。つまり、カルトというものは、人と人との間に起こる「支配・被支配関係」において、一方がもう一方を抑圧し、束縛することで起こる現象であるといえます。その関係の中で得られる幸福や利得というものが「誰のために」あるのかを突き詰めれば、その環境がカルトであるかどうかを見分けることができます。支配する側だけが得をし、支配される側が搾取されるような状況であれば、それはカルトであると断言できます。

しばしばカルトに起こる特徴として、指導者、あるいはリーダーと呼ばれる人物が自身に与えられた権威を悪用して、相手の尊厳を犠牲にしてでも自分の欲望をかなえようとすることがあります。たとえば宗教カルトの場合、「わたしは特別に神から選ばれた者である」「わたしは神の代弁者である」と名乗り、自分の願望を神の言葉であるかのように語り、その「権威」

をもって人々を不健全に支配するというものです。そうやって相手を指導者に絶対服従するような人間にしてしまうのです。そのようなゆがんだ支配・被支配の関係をつくる目的は「自分の言うことを聞く相手を育てあげる」ことにあり、そのためにありとあらゆる手段を用いて、カルト的な環境をつくっていきます。

先述の「教会健康度チェック」の分類の1つ「①指導者の権威主義」の中に「『指導』の名の下に、人格を傷つけるような暴言をはいたり不当な罰則を科すなど、パワー・ハラスメント行為やモラル・ハラスメント行為がある」という項目があります（選択肢は以下の4つ。「当てはまらない」「どちらとも言えない（わからない）」「少し当てはまる」「まったく当てはまる」）。つまり、恐怖をもって人を従わせようとする支配からカルトが生まれるのです。支配しようとする相手が従わないならば、神の怒りを買うことになる、「神の裁き」があるなどと言います。そのように恐怖をあおり、指導者が自らのハラスメント行為を正当化することがカルト的な行為となります。

このようにカルトと支配は切り離せません。「カルトとは何か」を考えることは、「支配とは何か」と考えることでもあります。そうなると、カルトは何も宗教だけに限ったことではないことがおわかりかと思います。わたしたちの日常生活のあらゆる場面において起きうることなのです。宗教以外のカルトについても考えていきましょう。

宗教だけにとどまらないカルト

「飴《あめ》と鞭《むち》」という言葉を、皆さんもご存じのことと思います。たとえば「飴と鞭を使い分けて人を従わせる」といった使い方をします。

この言葉は、19世紀後半のドイツ帝国の首相ビスマルクの政治手法を述べたものであるといわれています。彼は社会の貧困を解消するために社会保険制度を充実させ、人々の生活向上に寄与しました。一方で、人々の不満を抑制するために自由な表現や言論を制限する法律をつくりました。国民に生活の上での安定と安心を与えながら、有無を言わせないようにしたのです。これは人権をないがしろにする政策です。

同様のことが20世紀の日本でもありました。1925年、普通選挙法が施行されます。これによって、25歳以上のすべての男子に選挙権が与えられました。男性だけとはいえ、一般市民の政治参加が認められたのです。一方、抱き合わせで制定されたのが治安維持法でした。そもそもは社会主義を取り締まるための法律でしたが、天皇を中心とする「国家神道」を標榜する時の政治家たちが国策に沿わない思想や宗教を取り締まりの対象にしました。キリスト教に関していえば、キリストこそが自分たちの神であるという信条を守り抜き、天皇を神とすることを認めなかった多くのクリスチャンが治安維持法違反で検挙、連行され、獄中生活を送ることになりました。その中には獄中死した牧師たちもいました。

ドイツと日本におけるこれらの歴史上の出来事をとおしていえることは何でしょうか。人々の前に喜ばしいものをちらつかせながら、人権を奪うことによって人々をゆがんだ支配下に置きました。これはまさにカルトの事例です。「政治カルト」の典型例であるといえます。

カルトとは宗教に限らないという一例として政治を挙げましたが、家族、家庭においてもカルト的な現象を見ることができます。いわゆる「家族カルト」です。たとえば、配偶者間など親密な関係において一方的かつ継続的に起こる心理的、身体的、性的および経済的な暴力がいわゆる「ドメスティック・バイオレンス（DV）」ですが、これもカルトの一類型といえます。暴力を受け続けることによって、受けた側の尊厳が奪われ、人権が侵害されるからです。

また、親子間で起こる支配・被支配関係のゆがみによって、立場の弱い子どもが自由にものを考えたり、行動できなくなったりすることも、カルト的であるといえるでしょう。この場合、親には「しつけ」という大義名分があります。しかし実際のところ、親の思いどおりに子どもを操作しようとする「見えざる意図」が支配構造のゆがみを生み、子どもの権利を奪い取ってしまう結果を招きます。いわゆる「カルト宗教2世」問題も、宗教カルトであると同時に家族カルトの一例であるといえるでしょう。

政治カルトや家族カルトと並んで「商業カルト」についても触れたいと思います。商業カルトのひとつに「催眠商法」があります。一例を挙げましょう。期間限定の特設会場を設け、無料の健康セミナーなどを開催して、来場者に日用品をプレゼントしたりします。そしてセミナーに通い続ける来場者に対して主催者は言葉巧みに暗に健康不安をあおるようなアプローチを少しずつおこない、最終的には高額な健康食品や器具、用具を売りつけます。こうして来場者は、気づかないうちに多額の金銭を使ってしまうのです。

催眠商法の被害に遭った経験者はそのときのことを振り返りながら、「最初は無料という言葉に安心し、主催者の優しさと巧みな言葉に乗せられて、買わなくてもよい商品を高額なのについつい購入してしまった」とわたしに話してくれました。本来の目的を隠して最終的に財産を奪い取るのは、カルトの常套手段であるといえます。

「マルチ商法」も、商業カルトの一類型といわれています。俗に「ネットワークビジネス」と呼ばれ、その中にはいわゆる「ネズミ講」といわれるものもあります。物品の購入と同時に会員になることを勧め、会員になるとその人は新たな会員を募り、会員を獲得すると、その会員はまた新たな会員を募り……というように連鎖的にネットワークを広げていきます。このようなピラミッド型の主従関係をもってなされる商法は、まさにカルト的な支配構造に通じるといえるでしょう。

マルチ商法の特徴は、大きなノルマを課して物品を購入させようとすることにあります。簡単に収入を得ることができるとアピールしながらも、実際にはそうならない場合が多いのは、そのためです。販売ノルマを達成するために借金をしてでも物品を購入したり、あるいは高額な入会金を支払ったりすることで、経済的な害を被ることになります。

また、人間の心理を利用したカルトも存在します。いわゆる「自己啓発系」と呼ばれるさまざまなセミナーや、「スピリチュアル系」といった占いなどに代表される方法を用いたものです。どちらも、より良い人生を送ることを願う人がその手段として、自己啓発セミナーを受けたり、また神秘的な手法に頼ろうとしたりします。そのような〝人の願い〟を悪用して、指導者が指導を受ける人との間に絶対的な主従関係をつくるのです。そして、精神的に束縛することによって、人々が物事を考える自由を奪います。

一見すると、それらはカルト宗教のようにも見えますが、その多くは体系的な教義などを持っているわけでありません。指導者（支配者）の人心掌握術によって人々を支配し、その人たちから金銭を巻き上げるという図です。最終的に尊厳と人権を奪い取ることすらあります。

カルトとは、人間が集団で生きている以上、その中で起きる人間関係が引き起こす弊害に他なりません。つまり、わたしたちがこの世界で生きている以上、いわゆる「カルトなるもの」が消えてなくなるということはないのです。手を変え品を変え、さまざまな形態をもってわたしたちの生活に、そしてわたしたしの心に忍び寄る。それが「カルト」なのです。

第2章　誤解されやすい「カルト」

「カルト」と「異端」の違い

カルトについて考える際にカルトと並んで「異端」という言葉を、特にキリスト教では、しばしば耳にすることがあります。両者を並列して「異端・カルト」と呼ぶこともあります。しかし、異端とカルトはその意味や定義が異なります。この項では、主にキリスト教を例に挙げて、両者の違い、関係を考えてみたいと思います。

異端とは何でしょうか。『広辞苑（第7版）』には、異端とは「正統からはずれていること。また、その時代において正統とは認められない思想・信仰・学説など」と記されています。ここから、異端についてふたつのことを挙げてみたいと思います。

ひとつ目は、「正統ではない」ということです。では「正統」とは何でしょうか。『広辞苑（同）』によれば「①正しい系統。正当の血統。②伝統・しきたりを正しくつたえていること」です。ここで考慮しなければならないのは「『誰にとっての』正統か」ということです。つまり、正統とは「自分の目から見て正しいと思うこと」を指しているといえます。正統を主張する人には、自分こそが正しい系統を汲み、伝統を守っているという自負があるといえます。つまり、正統か異端かというのは、それを判断する本人の主観によるところが大きいということです。その主観は、自分が大切にしている信条・信仰を根拠とします。

わたしがエホバの証人であった10代のころの話です。戸別訪問で訪ねたある家の方はクリスチャンでした。そのときに「あなたは異端ですから」という言葉を投げられました。しかし、わたしには自分が異端であるという認識は全くありませんでした。むしろ、わたしに異端と言ったあなたこそ異端ですよと、心の中でつぶやいたのを今でも思い出します。

ふたつ目は、異端についての判断は、その時代の背景や状況によって変化する場合があるということです。たとえば、16世紀における宗教改革以降、ローマ・カトリック教会がプロテスタント教会を「異端」と見なしていた時代があります。両者の間に激しい対立があったことを歴史は物語っています。しかしたとえば、現在においてはローマ・カトリック教会と、プロテスタントの一教派であるルーテル世界連盟が異端のレッテルを貼り合うことはもはやありません。時の流れが異端に対する見方を変えた一例といってもよいでしょう。

さて、異端の意味についてキリスト教会ではどのように捉えることができるかを考えてみたいと思います。異端かどうかの判断基準が主観的なものであることは、先に言及したとおりです。ですから、キリスト教にも主体的に選び取ってきた判断基準は存在します。そして、他者を指して「キリスト教の異端」というときには、その判断基準を明らかにする必要があります。それは、教会が大切に守り続けてきた「基本信条（使徒信条、ニカイア・コンスタンティノポリス信条など）」を守っているかどうかによります。これを守っていなければ、異端といえるでしょう。

信条とは「わたしたちが信じていること」を明文化したものです。キリスト教が共通に持っている信条とは「この世界をつくられた父なる神」「世界の救世主となられたイエス・キリスト」「わたしたちを励まし、慰める聖霊」を「三位一体の神」として信じるといった主旨です。４世紀にキリスト教がローマ帝国の国教となる際に、それまで多様性のあった教えを統一することが必要でした。その求めに応じて開催された教会会議（公会議）において、この基本信条が成立しました。これをキリスト教の信者はキリスト教の中心的な教えとして受け入れ、今日に至っています。

ただ、基本線を守りながらも自分が正しいと思うあまり、異質な存在をいとも簡単に異端と決めつけ、そういった対象を排除してきたキリスト教の歴史があったことも事実です。その一例は、中世以降のヨーロッパでおこなわれた異端審問です。その宗教裁判で有罪とされた根拠はあいまいなことも多くあり、きわめて独り善がりなものであったともいわれています。

一方で、カルトとは、第1章で述べたとおり「ゆがんだ支配構造」によって、人権や尊厳が奪われ、それによって弊害が生じる状態を指します。カルトを見分けるためには、実際に起きた被害ケースや、憲法など法律でうたわれている人権尊重の条文に違反しているかどうかで判断します。被害や違反が明白な場合、それはカルトであるといえます。つまり、カルトかどうかは客観的に判断できるのです。

以上のことから、カルトと異端の違いをおわかりいただけたかと思います。とはいえ、カルトと異端は親和性があることも事実です。旧統一協会を例に挙げましょう。キリスト教を標榜していますが、先述のキリスト教の基本信条を守っていません。その基本信条ではメシア（救い主）はイエス・キリストですが、旧統一協会は文鮮明がメシアだからです。よって、旧統一協会は異端といえます。さらに、文鮮明という指導者が神や救世主に成り代わって、神を信じようとする人々を不健全に支配しています。こうして、ゆがんだ支配構造ができあがっていくのはまさにカルトです。

その団体・組織が、異端かカルトかを判断するにあたり、「異端である」「異端ではない」、「カルトである」「カルトではない」という4つの視点で考えることができます。次ページの図をご覧ください。

	異端である	異端ではない
カルトである	①異端かつカルトである	③異端ではないがカルトである
カルトではない	②異端であるがカルトではない	④異端でなければカルトでもない

①の「異端かつカルトである」組織は、基本信条に従わず、独自の信条を標榜します（異端）。そして、指導者（支配者）が神や救世主に成り代わってゆがんだ支配構造を築き上げることによって、弊害をもたらせます。いちばん被害を生みやすいといえます。

②の「異端であるがカルトではない」組織は、キリスト教界内部では問題になるかもしれませんが、カルトという見地から考える場合、人権侵害や金銭被害などの実害が起きていない限り、社会的にはあまり問題にされることはありません。

③の「異端ではないがカルトである」組織は、基本信条など教理的には正統であるけれども、指導者が絶対的な存在となることで、ゆがんだ支配構造を生じさせます。いわゆる「教会のカルト化」と呼ばれる現象は、このカテゴリーに含まれ

ます（I部第2章参照）。

④の「異端でなければカルトでもない」組織はいうまでもなく、この4つの中では最も理想的です。

わたしたちが属する組織は、これら4つのどこに属するでしょうか。自分がどういう環境に身を置いているのか、常に点検をするのはとても重要なことです。

「カルト」と「オカルト」の違い

カルト対策に携わっていると、相談者との会話の中で「オカルト宗教」という言葉を耳にすることがあります。おそらく、カルト宗教のことを言っているのだと察しはつきます。日本語では「オ」の文字が付くか付かないかの違いだけで、発音が似ているので混同するのもうなずけます。

しかし「カルト」と「オカルト」は、その語源も意味も違います。カルトはラテン語で「礼拝・崇拝」を意味する「cultus（クルトゥス）」を語源としています。この言葉自体に悪い意味はありません。問題は何を崇拝の対象にするかです。公共の福祉につながる幸福を生み出すのか、人権や尊厳が奪い取られるのか。残念ながら、現在は後者の意味で使われています。

一方でオカルトとは、同じくラテン語の「occulta（オクルタ）」を語源とする言葉であり、「隠されたもの」という意味を持ちます。つまり、目に見えない神秘的なものを指します。

このようにカルトとオカルトはその意味は異なりますが、両者もまた親和性があります。カルトは、特にカルト宗教はオカルト的な手法を用いてアプローチをすることが多いからです。旧統一協会は、信者を獲得するために姓名判断や手相を悪用して、先祖から受け継がれてきた怨念などを強調し、人々の不安をあおります。そして問題を解決するための特別な能力が与えられた指導者の存在を強調して自分たちの教えを信じ込ませ、カルト的な構造のなかに誘い込み、組み入れようとします。つまり、目に見えないオカルト的なものを悪用してカルト的な支配構造を作り上げることができるのです。

キリスト教系カルトの特徴として、「指導者を権威づけるために、『使徒』や『預言者』と自称する」（「使徒」はキリストの教えを広めるために選ばれた弟子。「預言者」は神に呼ばれて、その託宣を語る者）、「指導者は信者に対して『あなたは霊的子どもだし、何もわからない。だから、わたしの言うことを聞きなさい』などと口癖のように言う」というものが教会健康度チェックの質問項目にあります。カルトとオカルトの親和性がもたらす例といえるでしょう。

そう考えると「カルト宗教＝オカルト宗教」と言っても、あながち間違いではないように思えるのです。

カルトに対する無関心と過剰な恐怖心

安倍晋三元首相銃撃事件以降、キリスト教会界隈でこんな声を耳にするようになりました。「旧統一協会のようなカルト集団とわたしたちの教会を一緒くたにされて、はなはだ迷惑している」というものです。確かに、宗教、特にキリスト教に関わりない毎日を過ごしている多くの方々にとっては、旧統一協会も既存のキリスト教会も同じように見えるのは仕方のないことだと思います。ですから、そのような苛立ちもわからないではありません。

しかし、そのことがかえってキリスト教信者にとってカルトに対する理解を遠ざけてしまいます。敵対心から「(自分たちの)教会は正しい。カルトは間違っている、邪教だ」と思っているなら、カルトのことを理解しようなどとは思わないでしょう。しかし、一旦立ち止まって、カルトについて考え、理解を深めてほしいのです。

カルト問題で最も懸念されるべきことは、多くの人が持っている「カルトはわたしには全然関係のないこと」という認識です。これまで述べてきたとおり、カルトは何も宗教だけに限ったことではなく、わたしたちの日常生活のあらゆる場面で起こりうる人間関係のゆがみです。繰り返しますが、誰もがカルトなるものの根を持っていて、いつその根からカルトの芽が萌え出るかはわからないのです。わたしたちの生活に人間関係が存在している以上、自分の心の内からカルト的な傾向が顔をのぞかせる可能性は、いくらでもあるということを考えれば、カルトについて決して無関係ではいられないはずなのです。

カルトに無関心な人がいる一方で、逆にカルトを恐れている人もいます。正しい知識をもって警戒することは大切です。しかし、過剰な恐怖心はかえってマイナスです。恐れすぎず、正しく恐れる。そのために必要なこととは何でしょうか。まず、恐怖がどこからくるものなのかを自身でよく考えることです。恐怖の始まりである心配や不安というものは、その対象についての知識や理解がない、あるいは少ないところから起きるといってよいでしょう。わたしたちは「知らない」がゆえに恐れるのです。

根拠のない不安や恐れは、冷静に、かつ客観的に情報を収集しようとすることの妨げになります。そのため、理解しようという気持ちを損なわせてしまいます。ですから、カルトに対する良質かつ客観的な情報をいかに収集することができるか、収集された情報をもとにいかに冷静に判断するかは、カルト対策に最も大切な手段であるといえます。

カルト宗教に家族が奪われてしまった方からの相談をわたしが受ける中で、毎回といってよいほどよくあるのは、相談者が聞きかじりの情報を寄せ集めて不安に陥っていることです。そして、自身がこの問題に関わることを恐れて、「家族が脱会できるようすべてお任せします」とわたしに丸投げしてしまうのです。

こんなことがありました。ある相談者は、やはりわたしに「全部お任せします」という姿勢でした。ところが、救出したい家族は、家庭の不和が原因でカルト宗教信者になったことが後になってわかりました。家族みんなの平和を願い、その一心でカルト宗教へ足を踏み入れることになったのです。相談者がカルトに対して過剰な恐れを抱いて、カルトに向き合うことを忌避することで、カルト宗教の餌食となった家族の気持ちまで避けてしまうところだったのです。

カルトの影響下から自分の家族が解放されるためには、相談者はカルトに対する正しい理解をもってこの問題に主体的に取り組むことが不可欠です。そして、つらいことではありますが、家族が自分たちのために犠牲となっている部分もあることを認めなければならない場合もあります。わたしはこのことを相談者にまず伝え、納得いただいた上で家族救出のための対策に一緒に取り組むことにしています。

第3章　カルトと「マインド・コントロール」

それが「カルト」なんて最初は誰も思わない

本章では、カルトと切り離すことのできない「マインド・コントロール」について考えたいと思います。マインド・コントロールとは、文字どおり、心や精神（マインド）が支配（コントロール）されてしまうことです。カルトの定義が「ゆがんだ支配構造によって、本来人間に備わるべき人権を奪い、さまざまな弊害をもたらすこと」であることは先述しました。その「ゆがんだ支配構造」を構築するために用いられるのがマインド・コントロールです。マインド・コントロールの最大の特徴は「知らないうちに」自分の心が支配されてしまうという点にあります。

誰もがもしそれがカルトであるとわかっていたならば、足を踏み入れたりはしません。ゆがんだ支配構造に自身が組み入れられ、それで苦しむことなど誰も望まないからです。最初から暴力や拷問などの手段が用いられるならば、わたしたちは抵抗することができるかもしれません。しかし、実際はその逆です。その人が求めているもの、願っていることなどの必要に十分に応えるように、まずは徹底的にその人を手厚く丁重に扱い、愛を注ぐことで「受け入れられている経験」を十二分に味わわせるようにします。

これは「ラブシャワー」と呼ばれる、マインド・コントロールの第1段階です。ラブシャワーを受けると警戒心が取り除かれ、安心感と信頼感に満たされていきます。愛される経験、受け入れられる経験は、人間が生きるためにはなくてはならないものだからです。そのような人間の基本的欲求をカルトは巧みに利用します。

そして、この経験がその先に待っている、愛し愛される関係とは程遠いゆがんだ支配関係を受け入れてしまう土台となります。ラブシャワーを受け続けたいと願うがために、理不尽と思えるようなことも受け入れ、やがてはゆがんだ支配の中で生き続ける選択を無意識のうちにしてしまうことになるのです。

わたしがラブシャワーを受けた体験をお話ししたいと思います。

プロローグでも述べたとおり、わたしはエホバの証人としての信者生活を10代から20代にかけて数年間送りました。エホバの証人と出会ったのは中学1年生の冬のことでしたが、当時13歳だったので、エホバの証人が何者であるかについてほとんど知識がありませんでした。学校には数名のエホバの証人の2世たちがいて、宗教上の理由で誕生日やクリスマスを祝わない、いわゆる「普通の人」と違った人たちであるくらいの認識しかありませんでした。ましてや、そのころは「カルト」などという言葉も世の中に知られていなかったので、まさかエホバの証人が人権を侵害するような団体だとは思ってもみなかったのです。

聖書に興味があったわたしはエホバの証人の聖書研究に参加し始めました。しばらくすると、研究司会者（エホバの証人で使われている言葉）から集会に出席してみませんかと誘われました。どんなところか一度足を運んでみたいと思いました。

しかし、日曜日の朝に出かけようとしたら、エホバの証人の問題点を曲がりなりにも知っていた母が「集会へ行かないでほしい」と泣きながらわたしに迫ってきました。母を悲しませたくない。泣いている母を見て、葛藤しました。しかし、わたしは母に「エホバの証人は良い人たちだから大丈夫だよ。とりあえず一度行くだけだから、心配しないで」と言って、エホバの証人の王国会館（エホバの証人が集会場所として利用する施設）へと向かいました。そのときすでに、エホバの証人からある程度のラブシャワーを受けていたのだと思います。少なくとも、聖書研究をとおして聖書について教えてくれた人たちの人柄から、エホバの証人に対する悪印象を持っていなかったのです。

王国会館へ着くと、わたしはエホバの証人たちから大歓迎を受けました。来る人来る人に挨拶をされ、歓迎の言葉をかけられ、したこともない熱い握手を求められました。それは、今まで味わったことのない「歓迎されている」という経験だったのです。

そして、その次に王国会館に行ったときも、その次も、そのまた次も歓迎を受け続けました。こんなに温かく迎えてくれる人たちなのだから、世間で言われているような「悪い人たち」であるはずがない。わたしには自然にそう思えました。そうやって、エホバの証人に対する好意、信頼が芽生え、わたしは聖書研究や集会参加を続けました。そのときには、エホバの証人がもたらすカルト性ゆえに自分が苦しむことになるなどとは、つゆほども思わなかったのです。

マインド・コントロールの仕組み

マインド・コントロールの第1段階が徹底的なラブシャワーであることは、先に触れたとおりです。では、ラブシャワーによって安心感と信頼感を得た後は、どのような過程を経てカルトに染まっていくのでしょうか。

マインド・コントロールといっても、いきなりその人を支配するわけではありません。少しずつ時間をかけて、指導者の言いなりになるようにします。ゆがんだ支配構図に身を置いても抵抗を感じないようにするのです。そして、マインド・コントロールの第2段階として、「善と悪をしっかり分けること」を徹底させます。具体的にいうと、「指導者の示す教えや考え以外は、すべて悪である」とする思考がつくられていきます。こうしてマインド・コントロールを受ける人は、無意識のうちに自分の頭で考え、判断することから離れていくのです。

わたしがエホバの証人と聖書を学び始めたとき「なぜこの世の中は悪に満ちあふれているのか」というテーマを早い段階で教えられたことを思い出します。この世界を支配しているのは悪魔であり、悪魔がわたしたち人間をも支配していることを、彼らが出版する独自の教科書と聖書から教えられました。そして、このように言われたのです。「あなたがエホバの証人の教えと聖書を学ぶことで、あなたは周囲から反対を受けるでしょう。しかし、それは悪魔の攻撃ですから、学ぶことを決してやめないでください」。

わたしはそのとき、初めてエホバの証人の集会に出席しようとしたときに母に泣かれたことを思い出しました。そして、悪魔は母をも利用して聖書の学びを止めさせようとしているのだと感じたのです。そのときはすでに、エホバの証人の言うことだけが真実であると思っていたので、エホバの証人の考えにすっかり染まっていたのでしょう。

母のことは心から愛していましたし、尊敬もしていました。しかし、それでもエホバの証人が伝えることだけが究極的な善であり、それ以外は悪魔の犠牲になっているのだと真剣に信じるようになっていました。当時のわたしの心境は、どんなに反対を受けてもエホバの証人をとおして語られる言葉こそ真実なのだという疑いのない確信でした。

わたしは、マインド・コントロールについて説明する際に、しばしば「お風呂のたとえ」

というものを用います。たっぷりと温かいお湯がためられている湯舟に浸かると大変気持ちが良くなります。気持ちがほぐれ、安心感に包まれます。この感覚はラブシャワーによって得られる感覚にたとえられるでしょう。

そのような気持ちの良い状態のところに、誰かが隠れて赤いインクをスポイトで一滴ずつ、湯舟のなかに垂らします。湯船に浸かって心地よさを満喫している人は、そのことに気づきません。インクが少しずつ、続けて垂らされていくと、お風呂の水はピンク色に変わっていきます。しかし、ピンク色に変化しても、お風呂に入っている当人はそのことに気づきません。むしろ、ピンク色であることが当たり前のように思えてしまうのです。そしてついには、お湯が真っ赤になっても、それがお湯の色だと思うのです。

このインクこそ、ゆがんだ支配構造をつくるための教えです。こうして、湯舟に浸かっている人は何の違和感もなく支配されるようになっていきます。これがマインド・コントロールのなせる業《わざ》であり、本人が気づかないうちに思考が変えられていくことで、ゆがんだ支配構造の中にしっかりと組み込まれていくのです。

このように思考が変えられたところで、マインド・コントロールの第3段階に入ります。指導者の利己的な願望に満ちた指令が出され、それに従います。こうして思考に行動が伴い、マインド・コントロールは完成します。絶対服従が求められ、働きバチのように行動させられていくのです。

エホバの証人は、世界の終末が近い将来に訪れることを強調します。神の裁きが執行されることによって、これまで世を支配していた悪魔と悪魔の影響下にあった人間はすべて滅ぼされる。だから、神の怒りを買わないためにエホバの証人になって、時には財産や仕事、学歴を放棄してでも、勧誘の戸別訪問などの宗教活動に心血を注ぐようにと徹底的に教え込まれます。だから、エホバの証人はその教えのとおり、熱心に宗教活動をおこなうのです。

赤いインクを垂らされて真っ赤に染まった湯舟に浸かることこそ、何よりも大切なのだと繰り返し告げられます。だから、本来なら違和感たっぷりのはずの湯舟に浸かり続けるのです。本人は自分の決断でそうしていると思っています。しかし、実際はマインド・コントロールによってカルト的な支配を受けているからであって、自分の意志からそうしているわけではありません。させられているに過ぎないのですが、そのことに気づきません。

湯舟に長時間浸かり続けたらやがてのぼせてしまい、体調に支障をきたします。しかし、「湯舟から出たりしたら、あなたは寒さのあまり凍え死んでしまいます。死にたくなかったら、湯舟に浸かり続けるのです」とカルトは言葉巧みに言います。そうなると体調がどうであろうと、健康を損ねても、そのような指令が送られてくれば湯舟に浸かり続けます。これもマインド・コントロールのなせる業です。お風呂から出たらあなたは死ぬ。こうした警告こそが、支配構造から抜け出せない原因である「恐怖」なのです。

しかし、人間の心には揺れ動きがあるので、どんなにマインド・コントロールされていても迷い悩み、不安を抱くことがあります。そんなときにカルト側は「服従しなければ、神の怒りを買い、呪われる」といった恐怖心をあおる言葉をちらつかせることで、組織につなぎとめようとします。

わたしは高校2年生のとき、正式にエホバの証人となりました。しっかりと支配構造に組み込まれながらも、別の世界、新しい世界に次々と出会っていきました。もっと新しい知識を吸収したい。わたしは大学進学を志すようになりました。しかし、プロローグで書いたように、エホバの証人は大学教育をはじめとする高等教育を否定し、よほどの事情がない限り、大学進学を禁じています。大学で学ぶことで悪魔の影響下に身を置くことになるという理由からであり、世界の終末が近づいている今、大学で学ぶ暇があるならばすべての時間を宗教活動のために捧げなさいというのが、彼らが高等教育を禁じる理由でした。

それでもわたしは高校3年生のときに大学受験をし、志望校に合格しました。しかし、そのことがエホバの証人の指導者に知られるや否や呼び出され「あなたは神の怒りを買いたいのか！」と叱責され、脅される日々を過ごすことになりました。既にわたしはマインド・コントロールの影響を受けていましたので、自分の願いと宗教的な恐怖のはざまで苦しみました。そして結局、恐怖に勝つことはできず、大学進学を諦めたのです。

このように、マインド・コントロールは、自分で物事を考え、判断し、決定する力を弱らせ失わせます。たとえ、そのことがおかしいと何となく気づいたとしても、離脱することへの恐怖がしっかりと植え付けられているので身動きがとれません。ゆがんだ支配構造のカルト集団に束縛されることによって、身体的・精神的・経済的に支障が生じ、それが社会問題へと発展していくのです。ただ、マインド・コントロールによって支配されている間は、自分自身がそのようなゆがんだ支配構造の中にいることに気づかない場合がほとんどです。だからこそ、マインド・コントロールから解放されることは、周囲が思うほど容易ではないのです。

見た目は「普通」だけれども

長い時間をかけてじっくりとマインド・コントロールされ、カルトのゆがんだ支配構造に組み込まれ、尊厳が奪われてしまうとあらゆる面にマイナスが生じます。家計が逼迫《ひっぱく》したり、それまでの人間関係が断ち切られるなどの被害が後を絶ちませんが、そのように実質的な被害が出たときには既にマインド・コントロールによる影響を十分に受けているといえます。しかし、見た目が以前と変わらないこともあり、そのことに本人はおろか周囲もなかなか気づくことができないのがマインド・コントロールの深刻な問題です。対応が遅れたり、対応できなかったりするからです。同様のことがカルトから脱した後にも起こります。

一般的に、マインド・コントロールから解放されるにはマインド・コントロールを受けていた期間と同じだけの時間がかかるといわれています。10年間カルト信者として生活していたならば、カルトの影響から解放されるまでには10年ほどはかかるのです。わたし自身、エホバの証人によるマインド・コントロールの影響を受けていたのは13歳から21歳までの約8年間でしたが、その影響からやっと解放されたと自覚できたのは30歳を迎えたころです。ちょうどわたしが牧師としての生活を始めた時期でした。

回復に要する歳月は長いリハビリ期間といえます。回復の方法は「お風呂のたとえ」で説明するならば、湯舟のお湯を一気に全部抜いて真水を汲みなおせばよいというものでは決してありません。スポイトで真水を一滴ずつ垂らして、長い時間をかけて元の湯水に戻すという非常に時間のかかる忍耐を要する作業です。

マインド・コントロールによってカルトの影響を受けた人は、立派な「カルト病」患者であるといえます。しかし、カルトのことを理解して対応できる医療関係者はほとんどいないのが現状です。さらに大変なのは、家族はじめ周囲の人々から回復のための協力を得るのが難しいことです。そもそも、カルトから脱却した後にケアが必要なこと自体が知られていません。

たとえ知ったとしても、見た目は普通なのでなかなか理解されないのです。たとえば、「わたしはがんなんです」と言えば同情してもらえますが、「わたしはカルト被害者なんです」と言っても同情されることはあまりありません。自分の意志でカルトに入ったと思われることが、まだまだ多いためです。

このような厳しい状況の中でマインド・コントロールを受けた後遺症を癒やしていくのは並大抵のことではありません。本人にとっても、それを見守り援助する側にとっても相当の忍耐が求められます。しかし、マインド・コントロールを受けた体験を振り返るなどの作業を丁寧におこなっていけば、必ずカルトから解放される喜びを味わえます。わたし自身もそうでした。わたしが脱カルト対策で関わってきた方々も同様に回復したケースは少なくありません。

「カルトという病」は本人と周囲の人たちの努力によって、必ず治るものであることを知っておいていただきたいと思います。

Ⅲ部　カルト被害防止のために

竹迫之（元旧統一協会１世）

第1章　カルトは対岸の火事ではない

支配されたいわたし

カルト問題の肝ともいえるマインド・コントロールについて、大方の理解が得られたでしょうか。カルトによるマインド・コントロールは「ゆがんだ支配に対して従属すること」を目指すものですが、その入り口はわたしたちの身近に本当にたくさんあふれています。こうなると、マインド・コントロールによってカルトに従属させられてしまう事態に巻き込まれるかどうかは運の問題でしかない、ということがおわかりいただけるのではないかと思います。

もちろん、マインド・コントロールによる影響力がまだ薄い初期の段階では、自力で離脱することは十分に可能です。少々の事柄であっても、そこに誘導的な意思を感じたときには「すぐに断ること」や「決断を留保して考える時間を持つこと」などが有効です。そのためには「肝心なタイミングでNO（ノー）と言える勇気」が必要です。そもそもわたしたちにはマインド・コントロールの誘惑に対して弱いところがあらかじめ備わっていることを知っておく必要があります。無防備に漫然と過ごしているのと、自分の弱点を知って防備しながら生きているのとでは、マインド・コントロールへの耐性はまるで違ってくるからです。

わたし自身、旧統一協会の元信者であるから言えることなのですが、「支配されている状態」というのは実は大変気持ちいいことなのです。自分自身で選択し、自分自身で決断し、その結果について自分自身で責任を負うことは、現代では誰もが普通にやっている当たり前の生き方のように感じられますが、実は大変なタフネス（強い精神力）を必要とする、しんどい生き方なのです。カルトによるマインド・コントロールは、表面上「自分で決めなくていい」「自分が責任を負わなくていい」という気楽さを提供してくれます。

ディズニーランドなどのテーマパークにおいては、実はわたしたちは自主性をいうものを全く発揮しないでいられる状態に置かれます。決められたコースを歩き、決められたアトラクションに乗せられて、決められたコンテンツを楽しむだけ。だから多くの人々は子どもでいられる状態を満喫できる。カルトのマインド・コントロールによって与えられる気楽さは、これとよく似ています。逆にいえば、こうした子どもでいられる気楽さから離脱することが、カルトのマインド・コントロールから抜け出すには絶対に必要なことなのです。

自分ひとりで決断し、その結果について自分が責任を負うという生き方は、大変なエネルギーを必要とするのです。だから、そういう生き方から時には一歩身を引いて休憩するというリラクゼーションは本来大切なことです。もちろん個人によって違いはあるでしょうが、気のおけない友人と雑談することや、時間を気にせずゆっくりと寝ていられる時間は誰にとっても必要な精神的な休憩です。でも休憩は、時間が限られているからこそ休憩として機能するのです。カルトのマインド・コントロールは、究極的には人生そのものを休憩に委ねてしまうように仕向けてきます。だから、その危険度は無限大と言えるのです。

マインド・コントロールを理解するのによく引き合いに出されるのは、ナチスなどのファシズム体制に取り込まれた人々の姿です。明快な決断力と有無を言わさぬ実行力とを兼ね備えた政治指導者に判断のすべてを委ねてしまった人々が、どれだけの惨劇を引き起こしたことか。わたしたちはこの歴史的教訓から何を学ぶべきなのでしょうか。

その学ぶべきことのひとつは間違いなく、強権的な独裁者がいるだけではファシズムは完成しないという点でしょう。独裁者ヒトラーを支持する人々がいたからこそ、ファシズムは成り立ち、ナチスの暴走を許したのです。

わたしたちも、先行きの見えない不安に駆られているとき、強力なリーダーシップを発揮する指導者の存在に憧れることがあります。大規模災害が起こった直後だとか、治療法がはっきりしない疫病が広がっているときだとか、なかなか経済が上向きにならず苦しい生活に出口が見えないときだとか、その種にはキリがありません。不安や恐怖におびえているときこそ、わたしたちは強力なリーダーを待望してしまうものなのです。わたしたちは、そういう弱さを持っています。その弱さにつけこんで、カルトは忍び寄ってきます。

支配したいわたし

そうした弱さの裏返しなのでしょうか、わたしたちは時に自分自身が「支配する者」としての万能感に浸ってしまうことがあります。たまたま他者が自分の思うとおりに動いてくれるような関係性にいると、次第に支配者としての快感に溺れてしまうことがあるのです。代表的な例として、スポーツの指導をするコーチと練習生の関係を挙げることができるでしょう。音楽などの芸術活動における師匠と弟子の関係や、論文を巡る教授と学生の関係などにも発生することが多い支配構造であり、先輩・後輩や、夫婦や恋人などの関係性においてもよく見られるものです。

こうした支配関係を可視化するために、現在では「ハラスメント」とか「ドメスティック・バイオレンス（ＤＶ）」という概念が用いられるようになりました。それらは直訳すれば「嫌がらせをすること」や「暴力」の意味であり、加害者が被害者に対して支配的に関わろうとしている現象のように理解されているでしょう。しかし、実際には加害する側が「嫌がらせをしてやろう」とか「暴力を振るってやろう」などと考えていない場合も多くあり、むしろ「人を支配する」という快感に溺れてしまうことによって引き起こされる事例が多いのではないかと思います。

たとえば、福岡県で当時5歳だった子どもが餓死したことで話題になった「5歳児餓死事件」（2020年）などもそうした支配構造が隠れていた事例であったことが裁判で明らかにされています。我が子を餓死させてしまった母親は保護責任者遺棄致死の罪に問われましたが、母親が「ママ友」による精神的な支配（マインド・コントロール）のもとにあったことが認定されて、そちらの人物に対する量刑の方が母親よりも重い判決でした。

旧統一協会の献金被害者に対する救済法が審議されている間、「マインド・コントロールの定義は困難」とする慎重論が語られ、結局法案にはその言葉が盛り込まれませんでした。しかし司法の世界では既に「支配関係を引き起こすもの」としてマインド・コントロールが十分に認知されているのです。それも、意図的に「相手を支配しよう」とか「カルト集団を形成しよう」という考えに基づいていない場合が結構あることが知られつつあります。

元女性自衛官が実名顔出しで告発したことで話題となった自衛隊内におけるセクシュアル・ハラスメント事件も、恐らく支配構造が常態化していて、加害者らには「加害の自覚」がなかったことが推認されます。意外に思われるかもしれませんが、実はいじめ問題も典型的な例でしょう。被害者にとっては周り中が悪意を向けて来るように感じられるのですが、加害者ひとりひとりにはその自覚がないことがほとんどです。

そうした支配構造に「支配される側」として置かれ続けていると、次第に「自分ひとりが我慢して耐えていれば、やがて事態が好転していくのではないか」という根拠のない思い込み（学習性無気力）にとらわれていき、かえって支配構造を強化するような行動をとってしまうことさえ起こります。逆境に過剰適応してしまうのです。

こういう支配構造は、一般的にはカルト問題としては認知されていませんが、カルト諸団体には普通に見られる現象でもあります。「支配する側」にいるのか、それとも「支配される側」にいるのかの違いはありますが、両者がそろわないと構造としての支配は成り立ちません。「カルトに気をつけましょう」と注意喚起される場合は、もちろん「支配される側」にならないようにとの意味合いを強く含んでいますが、自分自身が「支配する側」に立ってしまうことも往々にして起こり得ます。とりわけ「自分に頼らなければ生きていけない人」（代表的なのは子どもです）の存在に心当たりがある人は、自分が支配者になっていないかどうかのチェックを心がけることが大切です。

＊

わたしはこうした支配構造をカルト集団において体験しました。飛び込みで戸別訪問し、ハンカチを売り歩く収益活動に従事させられたのです。見知らぬ家をいきなり訪ねてモノを売るという行為に最初は大いに戸惑いました。しかし毎日ノルマを課され、売り上げの多寡で評価されたり罵倒されたりという環境に放り込まれると「やるしかない」という気持ちに追い立てられます。不思議なもので、やる気さえ出せば実績も上がるようになり、ある月の後半は毎日トップの売り上げ成績を出せるようになりました（もともと営業の才能があったということかもしれません）。

このハンカチ売り活動では、睡眠時間が1日に3時間ほどしか与えられず、長期的な見通しや冷静な判断などができない状態に置かれました。その日その日の働きに全力を尽くすことだけで頭がいっぱいになってしまうのです。売り上げのノルマも一方的に押し付けられるものではなく、自己申告制でした。しかし「昨日は2万円しか売れなかったから、今日は5万円を目標にしよう」などと考えていると、「そんなはした金で世界が救えるか！」と、ものすごい勢いで罵倒されます。

わたしのいたハンカチ売りのセクションは男女合わせて15名ほどでしたが、誰かが罵倒されるのを横目で見ながら「10万円！」とか「20万円！」とか、自分でも達成不可能だとわかっている金額を申告するようになります。わたしの場合は1日3万円くらいが自己最高でしたから、いくら自己ベストを更新するような記録を出しても、自分で設定した目標にははるかに届きません。そのため、夜はまた罵倒される。これが毎日続きます。自分でも「売り上げが足りない」という意識を持っているので、次の日にはもっと奮闘するよう容易に仕向けられるのです。営業トークを工夫したり、家から家へと全力疾走を心がけたり、とにかく1円でも売り上げを伸ばすことだけに集中させせられました。

「営業トーク」といっても、まっとうな販売活動ではありません。ボランティア団体を装って「恵まれない子どもたちのためにお金を集めています」という売り口上でしたから、要するに詐欺です。しかしわたしは「こうやって集めるお金が世界平和のために使われるのだから正しい活動だ」と信じ込んでいたのです。常に売り上げの足りなさばかりを意識させられていましたが、脱会した後に冷静に計算してみると、たとえばひとり当たり平均1万5千円の売り上げしかなかったとしても、それが15人いれば総額で22万5千円を1日で稼ぎ出す計算です。週に6日フルで働いていましたから、単純計算で毎週135万円、それを1ヶ月続ければ540万円です。もちろん経費はかかりますが、食事代や燃料費などは月に50万円程度として計算しても、500万円近くの月収が無税の「裏金」になっていたことになります。「修行」として人を馬車馬のようにこき使っても給料は出さないのですから、ボロ儲けといっていいでしょう。

それでも「自分で立てた目標には遠く及ばない」という現実に、わたしは毎日自分の力のなさを責めていました。そして「明日こそは目標を達成するぞ」と自分で自分を鼓舞し、なお一層全力で働き続けたのです。それは具体的には「もっとうまくウソをつけるようになること」として表れました。口から出まかせを言いまくり、時には玄関口で突然歌ったり踊ったりして相手の関心を自分に引きつけ、自分の言い分を信じ込ませるのです。もちろん中には「統一協会だろう」と見破る人もいましたが、時々わたしの「演技」に乗せられてお金を出してくれる人と巡り合うこともありました。

毎日の活動はつらいことの方が多かったですが、わたしは確実に「相手を支配すること」の快感を覚えていました。自分のやる気と本気の演技によって相手が自分の思うままに行動してくれることを楽しんでもいたのです。まさしく無敵という感じでした。自分の思いどおりになってくれる人との出会いを「神によって用意された出会い」とも信じ込んでいたので、「支配すること」の快楽を正当化する思考回路にはまっていたと振り返って思います。

このことは、実はわたしにとって大変書きにくいことです。自分自身が加害者であったことの告白に他ならないからです。わたしにとって、カルト問題に向き合うことは自分の加害者性に向き合うことです。「自分が加害者である」という自覚なしには、そもそもカルトからの健全な脱会は不可能だといって差し支えないのではないか、とさえわたしは考えています。そうでないと、何らかのカルト的集団を脱出したとしても、また別の似たようなカルト集団に依存してしまうことを繰り返すようになってしまうからです。当事者がカルト集団から脱会すると、周囲の人はそれだけで「問題が解決した」と思って喜びがちです。しかし本人にとっては、自分自身の加害者性に向き合うつらい時間が脱会から始まるのです。

正義という名のもとに起こるカルト

統一協会で詐欺による収益活動に従事していたとき、わたしには「詐欺を働いている」という自覚が全くありませんでした。むしろ「自分は正しいことをしているのだし、その正しい活動に協力させるためなのだから、ウソをついたとしても悪いことをしているわけではない」と考えていました。こうした考え方はわたし独自のものではなく、統一協会の教義に依拠したものです。「この世はもともと神によってつくられた世界なのに、それがサタンに奪われて『サタン世界』になってしまっている。その支配権を神側に取り戻すのが、この活動の信仰的な意義なのだ」。こうした統一協会の教えによって刷り込まれた「正義」の感覚に、わたしは支配されていました。もしこのとき「あいつは神に対する反逆者だから、これ以上罪を犯さないように、今のうちに殺してしまえ」と指令されたら、そのとおりやってしまったかもしれないと思います（幸いなことに、経験はありませんが）。

脱会した後になって冷静に考えてみれば、わたしがしていた活動は詐欺そのものです。脱会後、「なんということをしてしまったんだ」と後悔の念に取りつかれ、とにかく自分がだました人々に謝罪しなければならないという思いでいっぱいになりました。しかしそうした活動に駆り立てられていたとき、日本のどこにいたのかという記憶がわたしにはまるで残っていなかったのです。毎日、自分が受け持つ地域の地図を渡されていましたが、それはコピーされた地図の切り抜きでしかなく、何市の何町にいるのかという情報が全くなかったからです。もともと日記をつける習慣もなく、そんなことに時間をかけるよりただでさえ少ない睡眠時間を確保するので必死でした。

1度だけ、手渡された地図の中に五角形の不思議なマークがあるのを見つけたことがあります。そのときは何の印なのか理解していませんでしたが、後になってそれが函館市にある五稜郭公園であったことに気づきました。そのころには、わたしは既に脱会後数年を経て牧師になっていましたが、被害を与えた家を探し出して謝罪しなければならないと思い詰め、何度か函館市を訪れたものです。しかし何度訪ねても、無我夢中で走り続けるばかりだった当時の記憶を掘り起こすことができず、結局1軒の家も探し当てることはできませんでした。五稜郭公園の近辺をうろつきながら、当時の自分が確信していた「正しさ」の感覚の脆弱さをかみしめるだけの時間を過ごしたものでした。

実は、このときの「被害者に謝罪しなければ」という焦りにも似た感情は、大部分が見事に統一協会のマインド・コントロールの後遺症ともいうべき「症状」でもありました。世の中には「正しいこと」と「正しくないこと」の2種類があって、人はそのどちらかに属して生きなければならないのだ、と強烈に信じ込んでいたのです。もちろんわたしは加害者ですから、加害行為に対して被害者に謝罪するのは当然のことですが、「そうしなければ生きている価値がない」とまで信じ込んでいたわたしは、脱会後何年もたっていたのに、まだそういう「白黒思考」から抜け出せないでいたのです。

時折ネット上で、不祥事を起こしたり不適切発言をしたりした芸能人らに対するバッシングが盛り上がることがあります。ネット用語では「炎上」というのだそうですが、中には根拠も不明確なまま、時には捏造による人格攻撃すら横行して、不特定多数の非難だけが加速する場合も少なくないようです。こうした誹謗中傷の「ネット上のイジメ」が絶えず、時には自殺者が出たりすることもあります。

たとえば、明らかな不正をおこなった人たちがその責任を取ることもせず、のうのうと政治家を続けていたりする現実には、わたしも腹を立てることがあります。時には、特定の政治家に対する批判をSNSに書き込むこともあります。ただし、わたしはそういうことをほとんど実名でおこなうことにしています。もしわたしの批判が見当違いで、根拠も不明確だったり誤っていたりした場合に、その責任を取るためです。そもそも特定の人に対して非難の声を上げることは、自分自身や自分の関わる領域に実害がある場合に限っています。
ところが世の中には、別に実際の利害関係も何もないのに、問題発言や問題行動（とされること）をあげつらって、しかも匿名で攻撃を加える人が多いようです。わたしには、どうしてそういう行動が取れるのか不思議でなりません。仮に自分が「正しい」立場にいるとして、なぜそれが他者を攻撃する根拠になり得るのか、納得できないからです。そして、あまりにも多くの人が自分の「正しさ」を無防備に信頼しすぎていることに、統一協会に入っていたころの自分を重ねてしまうのです。

その「正しさ」は、本物なのか？
仮にその「正しさ」が本物だからといって、他人を攻撃することは正当なのか？
もしその「正しさ」が間違っていたら、どうやって責任を取るのか？

振り返ると、わたしが信じていた「正しさ」は虚構の上に成り立つ「優越感」をもたらしていたように感じます。「『真理』を知らない人々を『真理』の側に引き戻すことが、わたしの使命なのだ」という考え方から発展して、「たとえウソをついたり盗みを働いたりしても、それは『真理』を知らせるために必要な一歩なのだ」と信じて、わたしは詐欺活動をしていました。毎日の売り上げがなかなか伸びないことはもちろん苦しみでしたが、しかしそれ以上に「『真理』を知っているわたしが苦しみを受けるのは当然のことなのだ」と苦行を正当化する気持ちも働いていたのです。それは、思い返せば「自分だけが『真理』を知っている」という優越感そのものでした。

脱会後は「本当の『真理』とは何か、わからない」という苦しみの中に置かれることになりました。それは「『真理』というものがあるはずだ」という思い込みの構造の中に生きているからこその苦しみでした。統一協会を脱会することで「『真理』と信じたものが、そうではなかった」という逆転を経験することになりましたが、それでもまだまだ「正しい／正しくない」という二極化した考え方の構造にとらわれたままでいたのです。

世の中には、正しいとも正しくないとも言える「グレー」が多く存在するものなのです。「黒」とも「白」とも判別できないグラデーションの中で過ごすうち、わたしはだんだん自分の思考を縛っていた二極化した考え方の構造に自覚的になっていきましたが、今でもこうした二極化の構造から完全に自由になったわけではありません。しかし「統一協会の教えは間違っていたのか」という問いの立て方自体が、物事を二極化して考えるという「思考のクセ」の残滓《ざんし》であることは明確に意識できるようになってきました。そこに至るまでに、わたしの場合、統一協会を脱会してから実に20年以上の時間を要したことになります。

軽々しく断じることはできませんが、戦場において前線で戦っている兵士たちの気持ちを支えているもののひとつには、間違いなくこうした「正しさ」の感覚があることが推測できます。多くの戦争が「防衛」の名目で始まった歴史を振り返れば、また戦後に必ず加害責任を減ずるような言動が起こることを省察してみれば、わたしたちはもともと「自分は加害者である」と自覚することに耐えられないのかもしれません。人は「わたしは正しい」と信じることによっていかようにも残酷になれるものであり、同時に絶えず自己正当化し続けることで「加害者としての罪の苦しみ」から逃れることばかりを願ってしまうものなのだろうと思います。

ひとつ、「(健全な) 宗教の役割」のポジティブな側面を指摘するとすれば、自分の加害者性を認めるための補助装置としての役割を挙げることができるでしょう。カルトからの脱会者が必ずしも何らかの宗教団体に帰属すべきとは思いませんが、しかしもともと人は「自分は加害者である」という自覚に対して、独力では耐え得ない〝弱さ〟を持っているのです。そうした〝弱さ〟に向き合おうとするとき、その人は一種の「宗教性」を発揮するべき局面を迎えているのだ、とは言えるように思います。

第2章　あらゆるカルトに向き合うということ

まず自分自身と向き合う

ここからは、「あらゆるカルトに向き合う」ということをテーマに述べていきます。そのためには、まず「人間である限りは、誰にでも『弱点』があるものだ」という当たり前の事実に向き合うことから始めたいと思います。完全無欠な人間というのは、ひょっとするとどこかにはいるのかもしれませんが、わたしたちが日常で出会う人間の中にはまずひとりもいないのが普通です。体が丈夫で健康不安などとは無縁な人でも、ついつい「健康増進」をうたう食品のCMには見入ってしまうものですし、普段から安全運転を心がけている人でも、悲惨な交通事故のニュースを前にしたら「自分が当事者になってしまうかもしれない」と不安になったりするものです。そうしたことは人間である限り、当然の反応です。自分にはそんな弱点が満載されているのだということを、まずは心に留めておきましょう。

次に大事なことは、自分の弱点について普段から洞察を深めておくことです。先に書いたことと重なりますが、自分は誰かに極端に依存していないかどうか、あるいは誰かを支配することで快感を得ていないか、そうしたことを正当化していないかなど、自分の持つ「正しさ」の感覚を客観視する機会を持っておくことです。そうすることによって、知らないうちに「カルト」に支配されるリスクから身を遠ざけることができるようになります。誰もが「カルト予備軍」であり得るのだという自覚と危機意識は絶対に必要なものなのです。

わたし自身は、小学生のときの負傷が原因で、左目がほとんど見えなくなってしまいました。片目だけで生活することの不便はいろいろありますが、最も悩ましかったのは学校の体育の授業でした。走ることだけは何とか人並みにできましたが、対象との距離感が重要な球技や格闘技は非常に苦手でした。特に高スピードで移動するボールとの距離感を直感的につかめないことは致命的でした。

さらに、見えない方の目が斜視になってしまい、自分はまっすぐ前を見ているつもりなのに他人からは「よそ見をしている」と誤解されるのです。高校生になるころには、次第に人と顔を合わせて話すことが苦痛になりました。なるべく誰とも目を合わせないように気をつけるうちに、対人関係が極端に苦手になってしまいました。

どのカルトにも共通する勧誘手口は、Ⅱ部第3章でも述べられている「ラブシャワー」です。その集団に接触し始めた人に対して、その人が自分では意識していないような一挙手一投足を捉えて極端に褒めちぎる歓迎をすることです。わたしもこのラブシャワーを受けました。なかなか人と顔を合わせられず積極的な人間関係を築けないでいたわたしは、統一協会のビデオセンターでは「考え深い慎重な人」と評され褒められることになりました。思ってもいなかったこの評価は、わたしのコンプレックスを逆手に取ったものだったからこそ、心に深く刺さるものとなりました。

あるとき、統一協会の合宿所に置かれていた卓球台を使って卓球をしようと皆が盛り上がったことがありました。わたしも誘われましたが、「自分は片目が不自由であり、球技は苦手だから放っておいてほしい」と答えました。すると、ひとりのメンバーが丸めたティッシュペーパーを片目と眼鏡の間に挟み込み「これでフィフティフィフティ（五分五分）だ。さあ、やろう！」と再度声をかけてきたのです。自分の劣等感がこんなふうに受け止められたのは初めての経験だったので、思わず涙が出ました。この経験があったからこそ、わたしは「こういう人たちが信じている内容だから、間違っているはずがない」と確信を深め、統一協会にますますのめり込んでいったのでした。脱会せざるを得ない状況になっても、「あの優しい人たちが自分を害するはずがない」と考えて出口のない混乱にとらわれていたのです。

統一協会を脱会するとほぼ同時に斜視矯正の手術を2度にわたって受け、今では見た目にはかなり補正されています。しかしわたしには、人と顔を合わせて話すことへの苦手意識がいまだに残っています。ほとんど整形手術のようなこの手術は非常な激痛を伴うものでしたが、長年わたしの劣等感のもとになっていた要素だったので、手術後の痛みよりも「これで今までとは違う人生を送ることができる」と安堵する気持ちの方が勝っていたことを覚えています。だから今でも、自分の外見に劣等感を抱いて整形手術を受けたがる人の気持ちが、少しだけわかるような気がします。

誰でも、自分のトラウマを標的にしたラブシャワーには弱いものです。対抗するには、何が自分の弱点になっているか、普段から向き合っておくことが必要です。ときに非常な苦痛を伴うことでもありますが、自分の劣等感が何によって形成されているかを知っておくことが、予期せぬ褒めそやしに左右されないためには大切なことなのです。

カルトに巻き込まれている方々と向き合う

わたしは旧統一協会の元メンバーであり、キリスト教の牧師になってからちょうど30年目を迎えています。だから、旧統一協会をはじめとするカルトに関する相談を受けることがたくさんあります。しかし経験がたくさんあるからといって、「わたしに相談すれば必ず解決する」などとは口が裂けても言えません。未解決事例の方が圧倒的に多いし、もう20年近く継続して相談に来られているご家族もあったりします。特にカルトメンバーである当事者にとっては、カルトを脱会してからが本格的な「問題の始まり」である事例も珍しくありませんから、ひとつの相談に何年も関わることになるのは必然なのです。そして、一向に解決されない現状に相談を諦めてしまうご家族も大勢います。

時々「間違ったカルト宗教から正しいキリスト教へ導いてあげたらいいじゃないか」と言われることもありますが、そんな単純な話ではありません。カルトから脱出するということは「これが絶対に正しい」という信念から卒業することであり、むしろ「何が正しくて何が間違っているのかわからない」という混乱に飛び込む、という意味合いが強くあります。別の「正しさ」に鞍替えするということなら、単に依存の対象を変えるだけであって、決して「カルトから脱出した」ということにはならないのです。

特に日本人には、「宗教にすがる」というのはよほどの困りごとがある人だ、という偏見を持つ人が多いです。だから「牧師という職業宗教家に相談する」ということ自体、ご家族にとってはとてもハードルが高いことなのです。そのハードルをようやく乗り越えてわたしのところにたどり着いた相談者たちは、「家族が諭せば言うことを聞いてくれるはずだ」と自力でやれることは全部やり切った末に、万策尽きて相談にやってくる人ばかりです。そのほとんどが既に相当傷つき疲れ切ってしまっていて、問題もこじれまくっているのです。

そこでわたしは、相談に来られたご家族には、まず徹底的にお話を伺うところから始めます。何について悩んでいるのかを傾聴するのです。もちろんご家族はカルト問題について悩んでいるわけですから、メンバーになってしまった当事者を何とかカルトから脱会させられないかということを訴えてきます。それは最初からわかっていることですから、その要望を受け止めることは大前提です。この「要望を受け止める」ということだけで、最初の面談が終わってしまうことも珍しくありません。ご家族には何度も出向いてもらい、あるいは必要に応じてわたし自身がご家族のもとを訪ね、時に聞き方の角度を変えたりしながら何カ月も時間をかけて、とにかく話を聞き続けます。当事者の行方がわからない場合などは、具体的に連絡を取り合う方法などを模索しながら、傾聴を続けます。

これには、ふたつの効果が期待できます。ひとつには、わたしがまだ会っていない当事者がどんな人なのかを推測する確度を高める効果です。直接会えない、または会っても何の変化も期待できない当事者に向き合うためには、まずは家族の訴えに耳を傾けることが必須条件です。その当事者が、もともとはどんな性格の人なのか。何を趣味として、どんな生き方を願っていた人なのか。何を愛し、何を嫌う人だったのか。もちろん推測の域を出ないので限界はありますが、当事者本人と長い間密接に関わってきたご家族の話には、その「本人」の情報がたくさん詰まっています。推測の確度を高くして、どんな人なのかについての理解を深めるために、家族への傾聴が絶対に必要なのです。

ふたつには、ご家族に「本当に悩んでいること」を見つめ直して自らを理解してもらい、さらに疲れを癒やす効果です。当事者がカルトに入っていることが悩みの原因なのはわかりきっていることですから、ついついおろそかにしてしまいがちな要素ですが、カルト問題に悩む人へのアプローチとして、その先にもっと踏み込んでいくために不可欠です。

たとえばあるご家族は、カルトのことを指しているつもりで「宗教」という言い方を繰り返していました。「宗教が問題」とか「宗教さえなくなれば」とか「宗教をやめさせたい」とかいう具合です。これでは、「宗教」のせいで苦しんでいるご家族が、まさしく「宗教家」であるわたしに相談せざるを得ない状況にある、という転倒した事態を自覚しているとはいえません。辛抱強く「宗教」という言葉を「カルト」に置き換えて話を聞き続けることが必要になります。

これは、心理学用語で「ラポール」と呼ばれる状態になることを目指すものです。ラポールというのはもともと「橋を架ける」という意味のフランス語で、セラピストとクライアント（相談をする側）の間に生じる信頼関係や親密な関係のことであり、言い換えれば「リラックスして腹蔵なく何でも話し合える関係」のことです。ラポールの形成に成功すれば、まず大抵の相談者は「やっとわたしの苦しみを理解してくれる人に出会った」という安息を得ることができるようになり、疲れて傷ついた心を落ち着かせることができます。そして問題について学習してもらうことを通じて、その焦点を言語化することができるようにもなってくるのです。

「ラポール形成」などと専門用語らしきものを使うと、ご家族の苦しみに寄り添うこと自体に特殊な技能が必要であるかのように誤解されがちですが、実は傾聴によって誰にでも可能になる支援の方法です。つい「自分には問題解決に有用な助言をできるほどの専門知識がない」と尻込みしてしまう人が多いのですが、問題の渦中にある人の訴えにじっくりと耳を傾けて共感を示すだけで、相談者には大きな助けになるのです。逆にいえば、助言などを語りたがる「支援者」に囲まれているだけでは、ご家族はむしろ精神的には孤立させられているのだということが、もっと知られるべきではないかと思います。

傾聴とは、相手の言うことをただ聞くだけの作業ではありません。いわば「認知のゆがみ」を補正するために言語化を促す技法です。わたしたち人間は、脳の中で言語を使って思考します。その際に使用する言語のボキャブラリーが貧困だと、思考そのものが貧困になってしまうのです。だから言語化というのは、問題を認識する解像度を高める作用をもたらします。その言語化を促すために傾聴するのです。

そうしたセッションを繰り返すうち、次第にご家族にも「困りごとの本質は『宗教』の存在にあるのではなく、『問題のある宗教』（あるいは『カルト』）に巻き込まれているからなのだ」

という理解が生まれてきます。これはほんの一例に過ぎませんが、誰かの助けを必要とするような「困りごと」の本質を冷静に受け止めて客観的に洞察する視点が、「傾聴」を通じて生まれてくるのです。

「あんなにマジメだった娘が、カルトに入ってからウソばかりつくようになった」「あんなに優しかった息子が、カルトの話題になると鬼のような形相になる」などの細かなエピソードをこちらが聞き続けるうちに、ご家族は「カルトの当事者になってしまった家族によって、自分自身の人生が否定されているという事態が、最大の『困りごと』なのだ」ということを理解するようになります。このようにして「困りごと」を言語化する作業を続けていると、それまで弱り果てて疲れ切っていたご家族が、次第に問題に立ち向かう勇気と気力を回復するようになっていくのです。つまり、疲れが癒やされるのです。

これは、いざカルトメンバー本人と対話するときにも絶対に必要な姿勢です。カルトによって注入されたたくさんの特殊用語を平易で誰にでも理解できる言語に変換することを促し、貧困にさせられている脳内言語を豊かなものに回復させ、対話不能の状態から脱することが可能になります。そのための傾聴を実現するためにも、ラポールの形成は絶対に必要です。ラポールなしには「カルトからの脱会」などという人生の一大事になりかねない話題など口にすることさえできません。カルト側は自分たちに都合の悪い情報を持っている人間とラポールを結ばせないように、あらかじめ偏見や敵意、時には恐怖心さえ刷り込んでいるからです。

旧統一協会などは典型的ですが、多くのカルト的集団は、わたしのような脱会者について「活動についていけなくなって問題を引き起こし、活動を辞めざるを得なかった『堕ちた人(落伍者)』」と位置づけています。「そういう人は、そもそもその集団に対する誤解と偏見に満ちた言葉しか語らないから、聞く必要は微塵もない」と教育しているのです。旧統一協会の場合は、敵対するような活動をしている牧師は「反対牧師」と呼ばれ、「真理」に対して反逆するサタン中のサタンという扱いを受けています。だから当事者はわたしのような立場の者には自発的に会おうとしないし、まれに会ってくれても話を聞くふりだけしてまともに目を合わせることすらしない人ばかりです。これでは実質的な面談を実現することは不可能です。

もっとも、ご家族に対する「傾聴」が不完全なままなのに、当事者本人と直接面談せざるを得ない事態が発生することはよく起こります。件数としてはそちらの方が多いと思います。行方がわからなかった当事者と連絡がつくようになったとか、中には「牧師に相談しても、話を聞くばかりで事態が進展しない」と業を煮やしたご家族が無理やり本人の身柄を押さえて連れてきてしまうという場合もあります。そういうときは、不本意ながらも当事者本人と向き合わざるを得ません。家族とですら十分にラポール形成ができていないのに、偏見と悪意、猜疑心と恐怖でいっぱいの本人と突然向き合うという困難な状況でラポール形成に乗り出すという状況です。

意図せずこうした状況になってしまったときのことは、あまり思い出したくありません。キリキリと胃が痛むような思いばかりがよみがえってきますし、望ましい結果に至らなかった場合の方が圧倒的に多いからです。まれに本人が問題に気づいて脱会を決意してくれることもありますが、もちろんそうならなかった事例の方が多く思い出されます。

そういう場合でもわたしは、可能な限り当事者本人に対する傾聴の姿勢を崩さないように気をつけています。わたし自身のトラウマが刺激されて感情的になってしまうことも多々あるのですが、なるべく対立的にならないよう、受容的に話を聞く姿勢を保とうと心がけます。相手には自分の「正しさ」に対する過信があるので、通常の説得はまず効果がありません。その姿勢に対して異議を唱えることも多いですが、それはあくまでも話題作りのために留めるべきものであり、対話の糸口にするためのものであることを自分に言い聞かせます。求められるのは説得ではなく、言語化を促すための対話の実現なのです。

さらに、脱会について悩んでいる「2世」の当事者たちには、辛抱強く「あなたは間違って生まれてきたのではない」「あなたの人生は、あなた自身のものだ」ということを伝え続ける必要があります。そして、仮に今は家族から離脱したり組織から離れたりできなくても、将来生きるための道を必ず見つけることができると信じてもらうよう促すことが大切です。併せて、就労するとか、医師による治療を受けるとか、生活保護を受給するとか、具体的に自立して生きていける方策を一緒に考えていく姿勢を保つことが求められます。

カルトを容認する社会と向き合う

わたしは、こうした数々の苦い出来事を振り返るたびに、既にカルトに巻き込まれてしまった人に対処するよりも、カルトであることを見抜いて危険を避けるための「予防」が大切であることをつくづく考えさせられます。

カルト問題が蔓延する現状を点検すると、そもそも普段の人間関係やその形成に弱点が多く潜んでいる社会であることに気づきます。誰もが自分の「正しさ」を疑わず、むしろそれをアピールすることに躍起になり、ちょっとでもそれを受け入れてくれる人に夢中になってしまいます。批判に耳を傾ける余裕もなく、少しでも自分が有利になることばかり考えて、他人の弱点を攻撃したがる人がむやみに増えている印象があります。

中には、あからさまに特定の人を排除して、差別的で不寛容な言説を振りまくような人も少なくありません。社会には「対話」的でなく、「説得」したがる人ばかりが目につきます。そういう世相についていけず、むしろ息苦しさを感じている心根の優しい人たちが、かえってカルトに取り込まれていくような気さえしてきます。

ひところ、こんな社会しか実現できないでいる政治の在り方を批判して「今だけ・カネだけ・自分だけ」という言葉が語られていました。まるでカルトそのものを批判的に見ている言葉のようではありますが、実際には銃撃で殺されてしまった安倍晋三元首相をはじめとする政治家たちに対して使われていたものです。

世の中が生きにくくなると、他人をだましてでも自分が這い上がることだけを考える人ばかりが目に付くようになります。特に経済的な貧しさは、真っ先に他人に対する寛容さを奪っていくものですが、経済的な貧困だけでなく、精神的な貧困が表面化したものが「カルト問題」の本質といえるのかもしれません。

カルト問題について詳しく知らない人から、時々「なぜそんなバカなものにだまされるのか」という声が聞かれます。わたしはそういう言葉に接するごとに、むしろ「だからカルトの被害はなくならないのだ」と感じます。


もうちょっと弱い立場の人たちに思いをはせる社会であったなら……。

もうちょっと疲れた人に寛容な社会であったなら……。

もうちょっと他人の痛みに敏感な社会であったなら……。

カルト問題は、ここまでの深刻さと広がりを持たずに済んだかもしれない、と強く思わされるのです。

安倍元首相の銃撃事件に端を発し、旧統一協会と政治との癒着の実態が広く知られるようになりました。実際には旧統一協会ばかりでなく、多くの似たような集団が好き放題に暴れまわって被害を拡大していることも指摘されています。わたしには、むしろ「カルトが流行しない方がおかしな社会」に見えます。こういう社会情勢に不安を覚え、「少しでも何とかしなければ」と考える人たちであるほど、カルトに巻き込まれていく現実があるからです。

もっとも、繰り返し述べますが、カルトに入ろうと思ってカルトに入る人はほぼいません。少しでも安心して将来に希望が持てる社会づくりをしたいと志している人たちが、かえってその願いにつけ込むさまざまな偽装勧誘にさらされます。いわゆる「意識の高い人」ほどカルトに狙われています。「せめて家族の幸せを」と願う人たちが、その祈りを悪用する霊感商法の餌食になっているのです。元来は不正のない社会を目指していた真面目な人々が、その願いとは真逆の活動によって搾取され続けています。

カルトによる偽装勧誘や高額献金被害は、世情不安を背景に広がっています。既にカルトに深入りしてしまった人を取り戻すのは容易なことではありませんが、せめてカルトの入り口の段階で「世の中の問題に、そんなにお手軽な解決方法はない」と気づいて立ち止まったり引き返したりする人を増やすことはできないものでしょうか。そのためには、まずはカルトの勧誘には誰でもだまされる危険があることが広く知られ、人間は思いのほか外部からの誘導に弱いものだということが自分ごととして理解される必要があります。

そして、傍目には効果が上がっていないように見えても、福祉や法律や宗教の分野などで、カルト被害の根絶のために働く「社会正義の実現」を願っている人々がたくさんいることを知っておくことが大切です。

第3章　これからの課題

若者のただ中で広がるカルトへの対策

民法が改正され、２０２２年4月から18歳に達すると成人と見なされるようになりました。これには、メリットとデメリットの両方が指摘されています。

もともと児童福祉法は、18歳までの「少年」にしか適用されない法律でした。そのため、親からの虐待などで児童養護施設に収容されていた子どもたちは、ほとんどが18歳に達すると施設を卒業しなければならず、一部の子どもたちは「問題のある家庭」に戻るしか選択肢がありませんでした。それからさらに2年たって20歳の成人に達するまでは、親権が優越することになっていたからです。たとえ相変わらず虐待する可能性がある親のもとであったとしても、家庭に戻さざるを得なかったのが実態です。青少年問題におけるこの「空白の2年間」が、民法改正により消滅することになりました。この点がメリットとして評価されている大きなポイントです。

他方、デメリットとして危惧されているのが、世間をまだよく知らない新成人たちがカルトや悪徳業者たちにとって絶好の「カモ」になりやすいということです。成人になれば、親の承諾なしにローンを組むことができてしまいます。経験不足の若者たちに、言葉巧みに借金を背負わせて搾取することが容易にできるようになってしまったのです。同様に、カルトの偽装勧誘も容赦なく新成人たちに襲いかかってくることになります。そもそも「カルトである」と自己紹介して接近してくる集団など考えられません。手を変え品を変え、「だまし」による勧誘がもっと洗練された形で開発されることは必定だと思われます。

カルトの本質は「お金集め」を狙う集団です。金銭の授受を伴う活動は、たとえ表面上は宗教的でも、実際には消費行動であることを見逃してはなりません。その意味で、カルト対策教育には消費者教育の徹底が不可欠となります。お布施や献金のつもりではあっても、実際にお金を動かす取り引きは消費行動なのだという理解を徹底させるべきでしょう。

だから高校や、もっと理想をいえば中学までの間に、カルトの被害者になることを防止するような教育の拡充が絶対に必要なのです。日本の大学進学率は6割を超えており、主に新入生を対象にしたカルト対策を施す大学も増えてきました。しかし大学生は皆、法的には成人です。そしていうまでもなく、成人のすべてが大学に進学するわけではありません。成人に達する前に、消費者教育やカルト対策教育がおこなわれる必要がありますが、ことカルトに関しては「宗教の問題」と混同している人が教職員にもまだまだ多く、実効性のある「カルト対策教育」はなかなか実現しそうにありません。「カルト」と「宗教」の違いについて中学や高校などで教えているのはミッション・スクール（キリスト教主義学校）など、特定の宗教的背景を持つ学校に限られている現状があります。そういう環境に接点を持たない多くの人は、「学校という空間は、宗教的には無色透明である方が望ましい」と根拠もなく考えています。

恐らくそこには、戦前の学校教育において天皇への服従が当たり前に教えられていたことに代表されるような「偏向した〝宗教〟教育」への嫌悪感や反省が根深くあることでしょう。だからこそ、「健全な宗教」と「カルト」の違いについて説明するしっかりとした教育プランが必要です。しかし、先の大戦からもうじき80年を迎えようとする今日《こんにち》、宗教教育ができる人材を育成できていません。

憲法に規定されている人権のひとつである「信教の自由の尊重」には「信じない自由」も含まれるべきなのですが、そうした知見を持つ教育者が今どれだけいるでしょうか。「天賦人権説はとらない」と公言するような国会議員がいる時代です。つまり、宗教の問題を含めた人権教育そのものが危機にさらされています。

「宗教」について教えることが難しいとしても、せめて「マインド・コントロールに対する人間の脆弱性」については教えられるはずです。人間の心理にはクセがあり、ちょっとしたことで人は認知をゆがめられて錯覚にとらわれてしまうものだということは、現在ではほぼ常識として広く知られています。そうした錯覚を悪用する「悪い大人たち」が社会にはたくさん紛れているのだということを、学校教育の中できちんと伝えなければならないのです。

しかし、もとより日本の学校教育は教師を全面的に信頼することで成り立っている側面があり、まるで（悪い意味での）「宗教」のようになってしまっているのが実情です。だから問題行動によって処分される教員が後を絶たないのだともいえますが、受験予備校と化している中学や高校が圧倒的に増えている現在、消費者教育やカルト対策教育などの「実学」を教える時間的な余裕が全くない、ということも大きな問題のひとつです。学校での成績は優秀だったのに、マインド・コントロールへの耐性がまるでない人が増えていることは、オウム真理教事件で明らかになった問題点でした。これに注目するだけでも、中学校、高校におけるカルト対策としての人権教育はますます重要性が高まっていると考えるべきです。

わたし自身は、この30年キリスト教主義高校や大学におけるカルト対策を、試行錯誤しながら自己流に展開してきました。これは、よく誤解されるように「学生たちをキリスト教の信者にするため」におこなっている授業ではありません。宗教という営みが人間としての生活に深く浸透していることを知ることと、また自分自身の心の中にも宗教を求める気持ちがあるということを、若いうちから自覚することを目指すものです。そうした予備知識があれば、かつてのわたしのように「宗教について無知であるために、免疫もない」という状態がどれほど危険な状態であるか、洞察できるようになるからです。

日本には「わたしは無宗教だ」とか「わたしは無神論者だ」と言ったり考えたりする人が大勢いますが、そういう人でも自分の車の中に「交通安全のお守り」をぶら下げていたりすることが多々あります。テレビで紹介される占いに一喜一憂したり、12月25日にはクリスマスで盛り上がったり、1月1日には初日の出を拝んで初詣に行ったりもします。これらは（キリスト教に限らず）すべて宗教由来の行事です。宗教団体に自覚的に入会していなくても、誰でも「宗教心」は持っているし、また少なからず宗教団体の影響を受けているものなのです。「わたしは宗教など信じない」と考えるのは自由ですが、その考えとは裏腹に、実生活上では影響を受けているのですから、信じる／信じないを問わずに「宗教から自由である」とは誰にも言えない状態なのです。

考古学などで発見される化石を見て「人類」と「そうでないもの」を分ける指標のひとつになっているのが、「死んだ仲間を弔った形跡があるかないか」だそうです。人間だけが「死」というものを認識できる、ということです。わたしたちもかわいがっているペットが死んでしまったら、お墓をつくってその死を記念します。近年、お寺に多く寄せられる相談には「ペットの葬儀」に関するものが増えているそうです。宗教というのは、そういう心の働きを体系化したものです。

若い時期に宗教について学ぶのは、「宗教から多大な影響を受けている自分であることを自覚する」という意味があります。そうした知識があれば、「信教の自由」の大切な側面である〝信じない自由〟を侵害してくるカルト宗教の被害を防ぐチャンスが増えるからです。わたしはたまたまキリスト教の牧師としてキリスト教主義の大学で教えているので、宗教教育としてキリスト教のみを主要なサンプルとして取り扱っています。しかし本来はキリスト教に限らず、どんな宗教についても、わたしたちは生涯学びを続ける必要があります。宗教教育をとおして若いうちから「信教の自由」という人権上重大な概念を理解しておくことは、とても大切な教養だと思います。しかしそういうわたしの働きも、年間数百人の卒業生を送り出すだけに留まっているのが現状です。これでは、今や国民的課題となっているカルト問題には、とうてい太刀打ちできません。教育機関での対策が難しいとなれば、どう考えても効果は限定的ですが、宗教の側が「宗教」と「カルト」の違いを鮮明に打ち出すよりほかありません。世間的には同じようなものと考えられているからこそ、「宗教とカルトは明確に違う」ということを訴えていく必要があるのです。

わたし個人の観察では、「〇〇しないと祟《たた》りが起こる」とか「△△しないと地獄に落ちる」などの「一見、宗教的な」脅迫をもってアプローチしてくるのがカルト宗教です。それに対して、「ありのままのあなたが生かされて祝福されている」と語りかけるのが「健全な宗教」だといえるでしょう。ときには道徳的な世間知として「してはならないこと」についても語りますが、だからといって「悪いことを繰り返す人は地獄に落ちる」といった脅迫のような「呪い」をかけることをせず、たとえ非信者に対してでも開かれているのが「健全な宗教」というものです。

現在のように、旧統一協会の実態が広く知られている状況でこそ、「健全な宗教」と「カルト的な宗教」の違いについてアピールする絶好の機会であると捉え直すことが必要です。もしその宗教集団がカルト的な要素を内包している実態があるのなら、早急に対策する必要があるでしょう。旧統一協会などをサンプルに「カルト」の何が問題であるのかを研究し、その知見を共有することが急がれています。教育の課題として宗教を捉える視点が社会全体に共有されることを目指すのです。

2世問題と社会福祉的アプローチによるカルト対策

2022年末の臨時国会において決議された「法人等による寄附の不当な勧誘の防止等に関する法律」(以下、「救済新法」)には、多くの「2世」当事者たちから「旧統一協会の『2

世』だけが苦しんでいるのではない」「旧統一協会問題に限っても、これでは救済されない2世たちが大勢いる」などの批判が大々的に上がりました。確かに救済新法は高額献金被害に苦しむ人に一定の救済を示唆するものではありますが、前述したように現在進行形で苦しんでいるカルト2世たちへの救済は置き去りにされている、とわたしも思っています。なぜならこの救済新法は、これからも繰り返し起こるであろうカルトによる高額献金被害を規制するためのものであって、既に起こってしまった被害を救済するためのものではないからです。2世は、未成年者から高齢といってもいいくらいの人たちまで、幅広い年齢層に存在すると考えられます。こうした人々を少しでも生きやすい状態に導くことは、実は救済新法の適用を受けなくても、かなりの程度まで可能なことなのです。

非常に心の痛む話ではありますが、まずは家族から離脱することが急がれる状況にある2世たちがたくさんいます。経済的な貧窮に置かれているケースが最も目につきますが、それだけでなくカルトからの教え込みに縛られた養育者によって心身共に痛めつけられていることが多くあるからです。中でも、子どもが精神的な疾病を発症しているにもかかわらず、適切な医療を受けさせず、たとえば教義に従って「病気になるのは悪霊のせいだから、祈れば治る」と頑なに信じている養育者のもとで、病状が悪化するのをただ放置されている「医療ネグレクト」ともいうべき事例が後を絶ちません。こうした家族のもとからは、命を守るためにも一刻も早く脱出することが求められます。

しかし一口に「カルト家族から離脱する」といっても、2世当事者たちにとっては非常な覚悟が必要になる一大事であることを理解する必要があります。それは、住み慣れた家や家族・親族がいる環境から脱出し、不十分な場合が多いとはいえ親の経済的な庇護から離れることを意味するからです。場合によっては、転校を余儀なくされたり、学校そのものを辞めなくてはならない事態にまでなります。つまり「明日からホームレスになる」ということに等しい決断を強いられる事態だということです。

これまでも、2世当事者がカルトの実態を告発する場面が多くありましたが、皆顔を隠し匿名でした。家庭からの脱出を考えること自体が、これまで自分を支配してきたカルトの教え込みに対する反逆であり、同時に親への裏切りとなるからです。「親が入っている宗教は大嫌いだけど、親自身のことは大好き」という当事者たちがたくさんいます。中には「自分の裏切りによって親の人生を破壊してしまうのではないか」と恐れる人すらいるのです。そういう心優しい人たちが家族からの離脱を決意せざるを得ないのが2世問題なのだという現実をご理解いただきたいと思います。

家族からの離脱を決意したとして、まず困るのは「収入をどう確保するか」という問題です。もし心身共に健康が維持できているのであれば働いて家を出ることが基本とはなりますが、深刻な虐待を受け続けている人や、メンタルや身体に不調がある人などは転居費をはじめ生活費全般に不安を覚えることでしょう。

日本にはそういう事態に備えて生活保護という制度があります。これは憲法第25条に定められた「生存権」を保障する制度で、収入がなく生活に困窮している人が誰でも受給できるものです。生活保護と聞くと「そこまではちょっと」と気後れしてしまう人が多いのが現状ですが、「生活保護を受けるのは日本国民の権利である」ということが憲法上規定されているのです。生活保護を受ければ、医療扶助により金銭的負担なしで適切な医療を受けられるようになります。家族と別々に暮らすことによって、健康で文化的に暮らせるチャンスが増えるのです。

カルトの2世だけでなく、生活保護に対する偏見が根強いのは、これまた中学校までの社会科における人権や福祉についての教育が立ち遅れていることに原因があります。その点では、教育行政には「困ったときに使える制度」として、受験対策に留まらない手厚い人権教育が今以上に求められているというべきでしょう。そもそもカルトは「人権を侵害する集団」です。わたしたちが人間として生きていくうえでどのような権利を持っているのか、何よりも深く知っておくことが被害を防止する大きな助けとなるでしょう。

また、生活保護申請の窓口となる行政の側も「なるべく自力で働くように」と説得するなどして申請を受理しようとしない姿勢が見られることがあります。とりわけカルト宗教絡みの事例に対しては、「宗教のことはよくわからないから」と消極的になる担当者が多いようです。ひとりで窓口に行くより、生活保護申請に詳しい支援者と共に申請する方が心強いと思います。

この「生活保護申請に詳しい支援者」としてまず想定できるのは、弁護士や社会福祉士など制度に詳しい専門家ですが、支援者には決して資格は必要ありません。女性や子ども、ホームレスなどの支援団体のスタッフも十分に対応が可能であると考えられます。しかしながら、こちらの方もやはり「宗教についてはよくわからない」と尻込みしている方がたくさんいるのが現状です。カルト問題に対する認識の不足に加え、そもそも「宗教」と「カルト」の違いについて明確なラインを示すことができないでいる宗教の側に問題があるのですが、これについては既に述べているので繰り返しません。

2022年末に、厚生労働省が都道府県知事と市町村長宛てに「たとえ宗教的信念に基づくものであったとしても、児童虐待に相当する事例への対処は適切に行うべき」と通達しました。何が虐待に相当するかの基準を巡って現場ではしばらく混乱が続くでしょうが、今後は被害を訴える2世の側に有利な対策が広まっていくことが期待されます。恐らく、味方になってくれる支援者や児童相談所による介入も増えていくことでしょう。

残る問題は、2世当事者たちの心構えです。最初にして最後まで残る問題だといえます。カルトによる「外の社会はサタンばかり」などの教え込みの名残や、カルト内では当たり前におこなわれている（限界が多く不十分なものばかりですが）「共助」の文化などに縛られて、なかなか適切なSOSを外部の人に対して発信できないでいる当事者が数多くいます。さまざまな恐れに縛られている当事者たちからの何らかのSOSが大きな手がかりになります。ぜひとも、勇気を出して支援に至る第一歩を踏み出してほしいと願っています。

もちろん「外側の世界」から手を差し伸べることは絶対に必要ですが、2世当事者の多くは「自分の家庭事情を知っても、変わらずに友達でいてくれる人の存在が何よりもありがたかった」と証言しています。自分の窮状を訴えるのに適切なボキャブラリー（語彙）を持っていない当事者たちに対して、生育の背景についてある程度知っていながらも友達でい続けることは難しいかもしれません。中には親から「あの子と付き合ってはいけない」と止められる人もいるでしょう。それでも、元来は心優しい人が多い2世たちを見捨てないでほしいと願います。確かに、ちょっと特殊で複雑な背景を持つ人々ではありますが、決して宇宙人のように理解不可能な人々なのではありません。むしろ逆境と必死に戦いながら、それでも心優しさを捨てずに生きようとする人々が多いのです。

今では、こうしたカルト的な虐待を受けてきた人々の自助グループや、専門性を備える支援者も増えてきました。当事者たちが発する小さなSOSを拾い上げる人が増える社会になってほしいと願っています。

〈コラム〉カルト宗教2世の体験記

「わたしはＯＫ」と思えるようになるまで

わたしの母親はエホバの証人です。母親も両親からネグレクトといえる扱いを受けて、心の傷を抱えて生きてきた人です。父親は非信者ですが、いわゆる仕事人間でとても責任感が強く真面目な人です。でも、家のことや子どもの教育については、妻である母親に任せっきりでした。

いちばん嫌だったことは、わたしがしたいこと、わたしが欲しいもの、わたしが考えたことや感じたことなど、主語が「わたし」で伝えることを、ほとんどすべてといってよいほど母に否定され続けたことです。そのため、「わたし」の意見や希望、それどころか「わたしそのもの」が悪・罪なのだと思い込まされました。また、常に母親に監視され、「わたし」が母親の望みどおりでないときには必ず「神は悲しんでいるぞ」「神に裁かれるぞ」と脅かされ、無理やり言うことを聞かされるのもつらいことでした。

小中学校時代は、ひたすら母親をはじめとするエホバの大人たちや「神」に対する怒りを募らせていきましたが、同時に「裁きの日」におびえてもいました。友達付き合いを制限されていたせいか、クラスメートとの付き合い方が全くわからず、いつも周囲から浮いた変わり者でした。

そういう日々に耐えられなくなった中学卒業直後のある日、わたしは、エホバの証人の活動への不参加の意志を母親に伝えました。母はそれまでそうしてきたように、わたしを「真理の道」へ引き戻すために体罰を振るおうと鞭（竹製の物差し）を手にしましたが、逆にわたしが母を叩きのめしました。以来、母親がわたしを強制的にエホバの証人の活動に参加させることはなくなりました。

エホバから離れた後、わたしは真理や神のこと、「本当のこと」を知りたいという思いを強く抱いていました。特定の宗教団体に所属することは避けていましたが、20代後半、生きることがわからず、何もかもが嫌になっていました。そのような中、「留学」という名のモラトリアム期間をフランスで過ごしたときのことです。キリスト教の教会が醸し出す雰囲気や、人格者と思えるクリスチャンとの出会いをとおして、キリスト教に自分を変える可能性を感じたのです。帰国後、近所の教会に通い始め、「いきおいで」洗礼を受けました。

しかし最初の数年は、教会と「エホバの証人」の雰囲気がとてもよく似ていたため、子どものころの嫌な記憶がよみがえり、通い続けることができませんでした。でも、神学生だった夫と結婚したこともあり、信仰を完全に捨てることはありませんでした。

その後、36歳のとき、断食祈祷のさなかに父・子・聖霊なる「三位一体の神」との出会いと和解を経験しました。これにより、神に愛されている（赦《ゆる》されている・裁かれない）確信が持てるようになり、このときからわたしは「わたし」を愛し始めました（「「三位一体」とは、父である神、子であるイエス、神の力である聖霊が一体であるというキリスト教の教理です）。

クリスチャンになった当初のわたしは、母親にエホバの間違いを認めさせてキリスト教に改宗させようと躍起になり、教義を巡ってしばしば口論をしました。でも、どちらの教義が正しいかで口論しても平行線で終わるので、一緒にいる時間をできるだけ楽しく穏やかに過ごそうと心を砕くようになりました。母親といるときは、キリストの寛容と愛をわたしにください、それが無理ならキリストが母を愛してください、と心の中で祈ります。そうしていくうちに、母親との関係も変わっていきました。クリスチャンになって、「神の御前《みまえ》では親もひとりの人間、わたしもひとりの人間、人間として対等だ」という視点が与えられたからだと思います。

わたしはいつもできるだけ「わたし」を主語にして自分の考えや感情を伝えるように努めています。そんなわたしと接しているためか、母親のほうも年々、「神」「組織」「聖書」といった「権威」を持ち出さずに「わたし」として発言することが多くなってきていると実感しています。互いに「人として」「わたしとして」会話ができるようになってからは理解し合えたり、共感し合えたりすることも少しずつ増えていきました。同時に、母親は徐々にわたし個人の選択に文句を言わなくなり、わたし個人の自由を（一応は）認めてくれるようになっています。

「三位一体の神」との和解をとおして、愛されている、わたしはＯＫという確信をいただいた後、牧師としての献身へと導かれ、先輩牧師である夫と共に教会にお仕えしています。夫はエホバの証人の脱会者です。同じキリストを信じているだけでなく、カルト宗教経験者として思いを分かち合える伴侶が与えられていることは、大きな慰めです。

今でもわたしには少なからず「後遺症」が残っています。「わたしは変なのではないか」「わたしは人間らしくないのではないか」という不安感に襲われるのです。また、誰かから「枠」や「らしさ」に押し込められると感じると、場合によっては少し過剰な拒絶反応が起きます。いちばんの悩みは共感する力の弱さと、他者と継続的な関係を築くことが下手なことです。

それでもカルト宗教を経験した身として、わたしが意識し、願っていることは、ひとりでも多くの方に「わたしはＯＫなんだ」と知ってもらえるように、わたし自身が生涯「キリストの弟子」（マタイによる福音書28章19節参照　『聖書　新共同訳』日本聖書協会）として成長させられること、キリストの愛を証しする器として用いられ、成熟させていただくことです。「わたしはＯＫ」、これが「カルト宗教サバイバー」の本当の人生のスタートではないか。そんな思いがいつもわたしにはあるのです。

（日本基督教団仙台宮城野教会牧師　齋藤朗子）

おわりに

わたしが旧統一協会の被害に巻き込まれて以来、既に40年近くの歳月が流れてしまいました。カルト脱会や脱会後のケアについての特効薬的な解決法はいまだ見いだされていません。そのため、一度カルトに巻き込まれてしまうと問題がどんどんこじれていくのを何の手出しもできずに見守るほかない状況に追い込まれてしまいます。そもそも「カルトに巻き込まれないこと」を模索するのが早道であることをつくづく考えさせられるのです。

カルト問題の本質とは「ゆがんだ支配関係に閉じ込められること」です。本書で述べてきたとおり、誰でも被害者になる可能性がありますし、それぱかりか場合によっては「加害者化する可能性」すらあるのです。このことが広く周知されない限り、カルトによる被害はいつまでも何度でも繰り返されるおそれがあります。本当に些細《ささい》なきっかけで誰にでも起こり得ることであって、何か「特殊な背景」を持っていたり、あるいはそもそも「ハマりやすい特質」があったりするわけではないのだということは、繰り返し強調しておきます。

これまでカルト被害者を支援する取り組みの中で、何かのきっかけでカルトによる「だまし」の事実に気づいて、自らの力で「ゆがんだ支配関係」の牢獄から解放されていく人々の姿を目撃させられることが多々ありました。必ずしもわたしたち支援者が「真実」を指し示したり教えたりしているとは限らないのに、その人に与えられた洞察力や湧き上がってきた祈りの力によって、自ら自由になっていくのです。これは本当に感動的な瞬間です。時々ではあっても、その劇的な成長の瞬間に立ち会うことができるから、わたしたちは「カルトからの解放」のために努力する力を得ることができます。

この喜びこそが、わたしたちのカルトに抵抗する働きの原動力になっているのです。わたしたち自身、必ずしも「カルト経験」の影響から完全に自由になったとはいえない状況にありますが、本書の執筆のためにひとつひとつの事例を思い返すことをとおして、「解放への憧れ」をあらためて心に刻み付けることができました。

Ⅰ部とⅢ部は竹迫之が、Ⅱ部は齋藤篤が執筆しました。事柄の性格上、具体的な事例については詳細に言及しきれなかったところが多々あります。しかし、カルトに取り込まれた人々に対する働きかけを通じて与えられた貴重な出会いの数々に支えられて、この本は編まれました。本人がカルトを脱出して関係者一同にとって円満な「解決」に至った事例もありますが、その何十倍にも及ぶ（脱会／未脱会にとどまらない）「今もなお問題の渦中にある人々」もいます。そうした人々の願いに後押しされて書き継ぐことができたところが、本書には本当にたくさんあります。

その意味では、実際に執筆に携わったわたしたちの思いを超えて、多くの人々の「祈り」によって生み出されたのが本書であることを痛感させられます。ひとりひとりのお名前を挙げることはできませんが、皆様のお力によって出版が実現したことを心から感謝したいと思います。

さまざまな方々から本書執筆のための大きな示唆をいただきました。とりわけ監修を担ってくださった川島堅二先生と、担当編集者の市川真紀さんのお支えに心からの感謝を申し述べます。カルト問題に労苦されている多くの人々に、この本が何らかの手がかりを提供するものとなることを願います。

最後に、「これから被害を受ける可能性」があるすべての皆さんへ。あなたの人生が守られますよう祈っています。

2023年5月

竹迫　之

書籍紹介　～カルトをさらに知るために～

『マインド･コントロールとは何か』（西田公昭著、紀伊國屋書店、1995年）
『自立への苦闘――統一協会を脱会して』（全国統一協会被害者家族の会編、教文館、2005年）
『「カルト」を問い直す――信教の自由というリスク』（櫻井義秀著、中央公論新社、2006年）
『統一協会の素顔――その洗脳の実態と対策』（川崎経子著、教文館、2008年）
『だましの手口――知らないと損する心の法則』（西田公昭著、PHP研究所、2009年）
『カルトからの脱会と回復のための手引き　改訂版』（日本脱カルト協会編、遠見書房、2009年）
『洗脳　地獄の12年からの生還』（Toshl著、講談社、2014年）
『Q&A宗教トラブル110番　第3版』（山口広/滝本太郎/紀藤正樹著、民事法研究会、2015年）
『決定版　マインド・コントロール』（紀藤正樹著、アスコム、2017年）
『検証・統一教会＝家庭連合』（山口広著、緑風出版、2017年）
『「カルト」はすぐ隣に――オウムに引き寄せられた若者たち』（江川紹子著、岩波書店、2019年）
『なぜ、人は操られ支配されるのか』（西田公昭著、さくら舎、2019年）
『カルトって知ってますか？』（カルト問題キリスト教連絡会編、日本キリスト教団カルト問題連絡会、2022年）
『カルトの花嫁』（冠木結心著、合同出版、2022年）
『自民党の統一教会汚染　追跡3000日』（鈴木エイト著、小学館、2022年）
『信じる者は、ダマされる。――元統一教会信者だから書けた「マインドコントロール」の手口』（多田文明著、清談社、2022年）
『「神様」のいる家で育ちました――宗教2世な私たち』（菊池真理子著、文藝春秋、2022年）
『みんなの宗教2世問題』（横道誠、島薗進、信田さよ子、釈徹宗、中田考、沼田和也、江川紹子、斎藤環、鈴木エイト著、晶文社、2023年）
『自民党の統一教会汚染2　山上徹也からの伝言』（鈴木エイト著、小学館、2023年）

【著者】

齋藤 篤（さいとう　あつし）

1976年、福島県生まれ。慶應義塾大学卒業。日本聖書神学校卒業後、日本基督教団の牧師となる。岩本教会（静岡）、ケルン・ボン日本語キリスト教会（ドイツ）、深沢教会（東京）を経て、2022年より宮城県の仙台宮城野教会牧師。日本基督教団東北教区センター「エマオ」主事。東京聖栄大学非常勤講師（倫理学）。キリスト教異端・カルト情報サイト「異端・カルト110番」共同代表。日本基督教団カルト問題連絡会世話人。元エホバの証人1世。

竹迫 之（たけさこ　いたる）

1967年、秋田県生まれ。東北学院大学文学部キリスト教学科卒業後、日本基督教団の牧師となる。浪岡伝道所（青森）、八甲田伝道所（同）を経て、2002年より福島県の白河教会牧師。宮城学院女子大学、東北学院大学非常勤講師（宗教科）。社会福祉法人堀川愛生園理事。女性用ケアハウス「LETS仙台」顧問。カルト脱会者のアフターケア施設「いのちの家LETS」顧問。日本脱カルト協会理事。日本基督教団カルト問題連絡会世話人。元旧統一協会1世。

【監修者】

川島堅二（かわしま　けんじ）

1958年、東京生まれ。東京大学大学院人文社会系研究科博士課程単位取得退学。博士（文学）。日本基督教団正教師（牧師）。恵泉女学園大学元学長 。北海道大学大学院文学研究科客員研究員、農村伝道神学校教師などを経て、現在、東北学院大学文学部総合人文学科教授。専門は近代キリスト教思想の研究、カルト、宗教被害の研究・調査。日本脱カルト協会顧問。近著に『徹底討論！問われる宗教と〝カルト〟』（NHK出版新書692、2023年、共著）など。

装丁　ロゴス・デザイン 長尾 優

わたしが「カルト」に？　ゆがんだ支配はすぐそばに

2023年6月23日　初版発行

Ⓒ齋藤 篤、竹迫 之　2023

著　者　齋藤 篤、竹迫 之

監修者　川島 堅二

発行所　日本キリスト教団出版局

〒169-0051　東京都新宿区西早稲田2-3-18
電話・営業03（3204）0422、編集03（3204）0424
https://bp-uccj.jp/

印刷・製本　精興社

ISBN978-4-8184-1134-0　C0036　日キ販
Printed in Japan

日本キリスト教団出版局の本

自死遺族支援と自殺予防
——キリスト教の視点から

平山正実・斎藤友紀雄 監修、石丸昌彦 ほか著
四六判　240 頁　1800 円

自殺率が高い水準にある日本社会で、教会、信徒はどのように自死に向き合うべきか。本書は自死遺族支援、自殺予防をテーマに展開。遺族、自殺未遂体験者の手記、支援者や専門家からの提言を収録。「自死」を通して生きることを改めて考える。

精神障害とキリスト者
——そこに働く神の愛

石丸昌彦 監修
四六判　216 頁　2200 円

魂の救いを求めて教会の門を叩く精神障害や依存症の当事者は多い。精神障害の当事者が抱える課題を、教会はどのように共に担ってきたか。当事者や支援者による証言とクリスチャン精神科医の応答から、傷ついた人と共に歩む道筋が見えてくる。

LGBT とキリスト教
——　20人のストーリー

平良愛香 監修、平良愛香・塩谷直也・石坂わたる ほか著
四六判　240 頁　2000 円

LGBT 当事者を中心とした 20 名の体験記。性的少数者の生きづらさと同時に、社会や教会で確実に体現しつつある希望や実例を語りながら、性の多様性と可能性の豊かさを伝える。コラムでは当事者や支援者による、差別や偏見を解消するための取り組みを紹介。

価格は本体価格です。重版の際に定価が変わることがあります。